中国青年的

美食真实性感知、怀旧情感与重购意愿研究

高　明◎著

中国旅游出版社

前　言

　　水流可以把有棱有角的石头变成一块卵石。正如记忆一般，经过时间的洗礼，在不同的光线里出现，会带给你不一样的感受。如果说做事需要点勇气，这四年对我的改变应是革命性的。四年间，我没有虚度一天的光阴，在坚持学术探索的同时，也尝试了地方行政管理的繁复。四年来，我打着飞的提心吊胆地穿梭于澳门与浙江，也作为第一责任人坚守在浙江最繁忙的高速公路口。我看过第一缕阳光，也尝过后半夜的快餐；我有过学业事业不可兼得的彷徨，也因持续涌现的工作成效而开心。2022—2023 年，面对繁重的管控任务和地方发展诉求，我暂时放下了自己的博士学业和科研工作，全身心投入了义乌市文旅项目的"研—建—运"环节。我深知，长三角是中国旅游业竞争最为激烈的地区，逆周期调节才是文旅尽快出圈的关键。唯有谋篇统筹的靠前担当，才有一座城市生活幸福指数的上升。在不懈努力下，我的第二本专著即将付梓，不由得想起我的本科课程主任海伦小姐、硕士生导师贝克老太太、人际交往技巧课程老师海伦，博士生导师李玺教授，是你们赋予我开眼看世界的能力，让一个不甚注重生活品质的人第一次感受到了饕餮大餐带给人的治愈与慰藉。当然，还有浙江旅游职业学院和义乌市文化和广电旅游体育局的领导同事们给予的宽容和理解，是你们给了我施展专业技术的空间和细嗅蔷薇的指导。

　　求学 20 载，多数时光是在失落与煎熬中度过。在一个唯考分盛行的年代，感谢已经过世的爷爷、奶奶、外公、外婆，他们坚信自己的小孙子能够把书读好。很小的时候，简单的四个字"把书读好"便如种子般落在我心田，生根发芽，任凭风雨，倔强成长。孩童时代一闪而过，我也在今年夏天送走了最爱的奶奶。

此刻，最想感谢四位老人家特立独行的信念和从未犹豫的坚持，让我知道自己是有价值的，也让我更能包容地对待身边每一个人。自信、乐观、久久为功的方法论已成为我面对困难时最锋利的利器，让我披上了找到破题关键的铠甲。

情感的触动，总会令人产生行动。本书的缘起，来自一个有趣的现象：好的餐厅除了让人在大快朵颐后获得愉悦和知识，还可以收获好评和复购。美食是文化的表征，蕴含丰富的符号意义。作为一种特殊的旅游吸引物，美食体验已经是目的地当仁不让的核心竞争力。世界美食旅游协会 2023 年的数据显示，美食旅游者的出游态度积极，消费力较之普通游客高出约 25%。这一现象在年青一代的消费群体中，尤是如此。如今，目的地产品同质化现象趋于严重，如何使城市的软实力更优，也已成为管理学界的热点话题。之于中国，美食不仅是县域旅游持续出圈、国潮复兴接续涌现、文旅步入舞台中央的实践路径，更是在地文化交融展示、经济动能迭代升级、服务业多元发展的最优载体。

感知作为个体心理和行为的起点，是消费者知觉与感觉的集合。与传统意义上的美食消费有较大不同的是，怀旧餐厅场景化的消费体验，调动了集视觉、听觉、味觉、嗅觉在内的全感官美食消费体验，为消费者重拾一次有着难忘记忆的怀旧餐厅消费。从学理看，今日所有的"新"，无非是重新包装的"旧"，现代主义流行美学所奠定的商品被反复消费。20 世纪 90 年代以来，随着商品与文化消费循环，乍看在材料演进的加持下不断展现簇新利落的未来感，实质上却陷入向历史取经、反复操作往昔时尚风潮的固定模式。尽管不少学者通过全球化与本土化的互动来分析怀旧消费空间的形成机制、符号生产、价值创造和消费者感知，但在微观层面基于量化成果的实践策略也十分鲜见。尤其是对青年这一消费主力群体在怀旧餐厅中的互动状态研究，现有成果阐释也稍显单薄。正因此，本书聚焦中国青年群体，创新性地对我国消费主力群体进行细致分析，并深挖替代性怀旧这一细分情感特征，为全球美食旅游发展提供来自中国的实证参考。

思索许久，想留下几句话给自己的第二本专著，也留给明天的自己：抬头志在千里，低头绣花功夫；德才兼备，德在才前；越努力，越幸运。

高 明

2024 年 8 月 9 日

目　录

第一章

绪　论

　　长期以来，学者和业界一直致力于消费行为的影响因素分析。怀旧作为一种内在欲望，已被实证对消费行为有着强烈的影响（刘向前等，2018；Eills等，2018）。研究发现，除了时间或金钱成本等外部因素之外，怀旧还会影响消费者的参与、购买意图以及对品牌和产品的态度。时下，美食作为目的地极具吸引力的资源要素，在促进居民就业、创造经济收入、增进社会福祉、强化城市宣传等方面有着显著的带动效应（Belisle，1983；Alfaro，1996）。作为开篇，本章以怀旧餐厅这一新晋"网红"为研究场域，着重阐释研究的背景、问题与内容，并提纲挈领地就研究目的、思路框架和方法论等进行介绍。

1.1 研究背景与问题提出

1.1.1 研究背景

　　旅游空间伴生于中国的城市消费转型，近年来呈现显著的"情感转向"趋势。新文化地理学视域下，越来越多的学者将视角转向个体主观体验的研究，涌现了一大批有别于社会结构的成果（黄颖华与黄福才，2007；贺小荣等，2023）。Echtner和Ritchie（1983）在研究西方城市化进程时发现，随着城市发展和空间的迅速扩张，社会成员需要依赖于情感联结已成型的行为准则、社会共识和传统消费习惯，以减轻迅速变革的生活环境引起的恐惧与焦虑。一个鲜明的例证是，越是社会经济发展先行区，越是彰显以怀旧为代表的文化生存方式和情感体现（Wildschut 和 Sedikides，2022）。在旅游业，从情感视角出发，对地方性展开的解读和讨论如雨后春笋般接续涌现，情感之于旅游也越发凸显其重要性（Shi 等，2021）。究其原因，异地性、暂时性和体验感是旅游最显著的外部特征（谢彦君与朱宇轩，2023）。从社会学维度看，旅行活动实则是一种现世的身心时空穿越。游客在特定时空中发生位移，并伴随作者内心的复杂变化。由此申言之，旅游企业和旅游消费空间均承载着"情感转向"功能。近十年，彰显怀旧情感的消费空间研究已成为市场营销和旅游学研的热点议题（James，2018；Wildschut 和 Sedikides，2022a）。

旅游六要素中，"食"处于优先顺位，是旅行中的基础性需求。后疫情时代，美食消费首当其冲，肩负着旅游复苏的重要动力。一方面，全球旅游目的地产品历经近百年发展已日渐趋同，美食作为目的地形象的直观展现，依靠其地方性和独特性，扮演着目的地寻求市场差异的利器。近三年，相继"出圈"的武汉担担面、重庆串串、柳州螺蛳粉、淄博烧烤、天水麻辣烫便是鲜活的佐证。另一方面，源自"吃货"概念的兴起，享受美味食物，吃特色饭菜、体验与美食相关的文化传统已经成为年轻一代到访、"打卡"、分享、传播的项目之一。从学理上看，一次完整的消费体验，离不开视觉、嗅觉和味觉等多重感官回应，而美食是唯一兼备多重感官刺激的呈现方式（Buzova 等，2020；谢彦君等，2020）。综合 Yelp、Tripadvisor、马蜂窝、携程、大众点评等全球主流旅游点评分享平台数据，特色餐厅板块一直是目的地吸引客流的重要通道，始终处于各类 App 页面的醒目位置。2019 年，我国餐饮总收入达 4.7 万亿元，其中美食旅游收入达 1.1 万亿元（占比 24%），环比增长 12.2%。

杨蓉与朱竑（2023）指出，数字技术的蓬勃兴起和在地化发展，使得基于地方的传统社会关系开始呈现"无地方性"的趋势。某种程度上，城市越来越成为"无意义的地方"。与之类似的，余润哲、黄震方等（2022）也指出，城市内部消费空间伴随着城市的快速更新，其"无地方性"现象愈演愈烈。就微观消费空间来看，以怀旧为主的消费热潮与传统文化涵养之间呈现出"亦步亦趋"的协同演进。当传统文化在社会变迁中受到越来越严重的冲击（甚至是一定程度的消解现象）时，以怀旧为主的消费热潮便开始兴起。

近年来，消费者越发注重消费空间所承载的社会文化景观。怀旧餐厅也乘此东风，作为美食体验中的"网红代言人"迅速出道。与之相应的，一批传统工业城市也因美食旅游的兴起实现了产业迭代升级（王佳果等，2021）。淄博烧烤、柳州螺蛳粉、天水麻辣烫、吉林锅包肉等单品类餐饮的出圈，加速了城市服务业供给的各个产业门类的变革，成为经济转型升级的重要驱动力。与之类似的，文和友、旧城记、大食堂等一批主打怀旧风的沉浸式体验餐厅也创造了足够的关注度。学界已然觉察到怀旧消费渐成主流之势，在怀旧消费场域内开展的人地关系研究成为全球学研近十年的热点话题。有代表性的如 Tanford 和 John（2019）就欧洲老字号餐厅在乡村旅游开发中的正向促进作用给出了实证分析。又如，Sidali 等（2015）、Robinson 等（2016）的研究发现，不同性别、年龄、收入、教育程度、文化背景的消费者在怀旧餐厅的消费中存在显著差异。Wildschut 和 Sedikides（2022a）在俄罗斯南萨沃地区量化了消费者的积极情绪抑或消极情绪对地方餐饮的感知体验关系。Yeoman 等（2023）则聚焦女性背包客，尝试揭示该群体与欧洲 16 个主流旅游目的地的老字号餐厅之间的互动关系。我国学者孙明贵与郭彦（2016）、梁增贤与保继刚（2020）、谢彦君与朱宇轩（2023）等在旅游情境下、社会消费情境下、社群传播情境下对怀旧餐厅也有相关论述。一个共性认知是，怀旧餐厅与地方美食具有"符号意义"，在提供旅游者和消费者基本需要的同时更承担着社会文化价值。无论目的地的自然景观禀赋几何，合理设计并利用怀旧餐厅这一载体，均成为旅游目的地推动和催化资源吸引力与竞争力的不二之选。

1.1.2 研究问题

纵观国内外文献，真实性是检验怀旧的关键特征。Vada 等（2019）、胡小武、向江渝（2023）相继指出，真实性是美食体验的核心价值，在目的地建设、企业经营等学研中发挥着不可或缺的作用。尽管关于真实性的研究不断增加，但现阶段的成果大多源自偏哲学研究。就文献来源看，目前真实性实证研究多从西方背景出发，国内成果相对而言明显偏少，且海内外研究存在鲜明的文化背景差异和文化距离异同。从关联性分析，国内外学研均鲜明地指出真实性与怀旧有着千丝万缕的关联。例如，Caton 和 Santos（2007）研究了参访美国 66 号公路国家历史走廊的旅游者，对游客感知价值与旅游体验之间的关系进行了实证研究。Fairley 等（2018）利用 2011 年环法自行车赛考察了体育旅游中的怀旧情绪。曹研雪（2018）、李云云等（2019）探讨了真实性、游客感知价值对满意度的影响机制。Vess 等（2012）、李云云等（2019）探索了泰国清迈、中国西藏等地游客的怀旧情绪，进一步明晰了怀旧作为激励因素对美食消费的影响。上述研究结果表明，怀旧情绪可能存在于餐饮消费行为的各个阶段。

一个基本假设是，美食充分发挥着吸引物的价值，是旅游目的地吸引游客关注和消费的"全局最优解"。年青一代消费者拥有更强的探索欲和社交网络分享欲，追求新品拔草、网红美食。社交消费场景下的餐厅兼具约会、拍照、聚会等功能，美食＋怀旧、美食＋国潮、美食＋异域风情等跨界融合餐厅持续受到 Z 世代的追捧。进一步看，在中国大陆，以文和友、旧城记、大食堂为代表，近些年主打怀旧风的沉浸式体验餐厅能吸引年轻群体"趋之若鹜"式的打卡。但是，这之中的许多消费者并未有过场景营造环境中的生活经历。由此申言之，在美食消费体验日趋沉浸式的背景下，消费者在怀旧餐厅的体验真实性表现在哪些方面？怀旧餐厅的经营者应从哪些维度辨识消费者的真实感知？对青年群体而言，如何提供更加符合其心意的美食场景体验，进而激发这群未有过历史生活经历的人群消费？上述问题的探究亟待深入。

有鉴于此，本研究拟从青年消费群体的体验入手，以定量研究该群体在怀旧餐厅中的真实性感知、怀旧情感中的替代性怀旧对重购意愿的影响机制。主要解决以下四个问题：

问题一：怀旧餐厅情境下青年消费群体体验真实性。作为美食旅游发展的主要因素，怀旧餐厅中的真实性感知的结构维度组成是什么？每个维度下的题项应如何呈现？

问题二：怀旧餐厅情境下青年消费群体真实性感知与替代性怀旧的关系，即青年群体真实性感知的各个维度对替代性怀旧的影响机理如何呈现？

问题三：怀旧餐厅情境下青年消费群体的替代性怀旧与重购意愿的关系，即正向的怀旧情绪抑或负向的怀旧情绪能否促进故地重游？

问题四：探新求异、文化距离的调节作用呈现，即青年消费群体的真实性感知与重购之间的关系是否受探新求异和文化差异的影响？

四个问题既是研究缘起，也成为本研究纵深开展的核心主旨。下述章节均围绕上述问题展开。

1.2 研究目的与研究意义

1.2.1 研究目的

尽管已有梁增贤与保继刚（2020）、刘彬等（2023）为代表的学者在旅游情境下展开了消费者真实性感知、怀旧、满意度的融合性研究，但鲜有学者从替代性怀旧视角切入，分析消费体验真实性的各个维度如何通过正负向怀旧情感对重购意愿产生的影响。某种程度上，正因为 Z 世代人群中层出不穷的各类圈层和强烈的群体意识，怀旧餐厅有必要关注和推动文化认同感和归属感。换言之，只有支持、认同和激励青年消费者的体验与互动，才有怀旧餐厅的永续发展。

综上所述，研究创新性的聚焦青年消费群体的替代性怀旧，具备一定的学术开拓性。依循体验真实性与消费意愿进路，期望实现下述五个目标：

（1）通过探索性因子分析，厘清青年群体在怀旧餐厅中的体验真实性维度。基于国内外相关文献，通过深度访谈获得怀旧餐厅体验真实性量表，进而分析出其主要构成结构。

（2）在怀旧餐厅情境下，验证青年群体体验真实性的各维度对重购意愿的直接影响。构建游客体验真实性对重购意愿影响的模型，提出系列研究假设。进而以结构方程实证研究方法，量化形成各路径的影响系数并对其进行细致分析。

（3）研究青年群体在怀旧餐厅的体验中因替代性怀旧诱发情绪变化，形成怀旧餐厅的复购行为机理模型，为怀旧餐厅的体验有效性提升提供科学决策依据。研究聚焦青年群体，创新性地引入替代性怀旧概念，并进一步将其细分为积极情绪和消极情绪，实证量化真实性感知刺激下的青年基于替代性怀旧的情绪变化过程和影响。具体来说，以积极抑或消极的替代性怀旧情绪在真实性感知和复购意愿之间的机制阐释，实证量化了情感价值的中介效应以及中介效应的强弱。

（4）探讨文化距离和探新求异两个调节变量在怀旧餐厅情境下对复购行为的影响。通过量化实证文化距离和探新求异的调节作用、作用方向、影响程度，进而为餐饮业界的可持续发展和目的地文化标识打造提供管理建议。

（5）进一步厘清了青年群体的不同人口特征对真实性感知、替代性怀旧、情感、文化距离、探新求异、重购意愿等方面的差异。研究系统性地从性别、年龄、教育水平、婚姻、月收入、是否曾经到过长沙文和友等方面，实证分析人口统计特征维度对群体心理感知、行为方式以及行为意向等方面的差异性。

1.2.2 研究意义

研究兼具理论价值和现实意义，从理论价值来看：

（1）研究丰富了美食体验真实性的"主体"研究。青年群体是美食体验的"生力军"，是旅游活动中的核心"主体"。若是在美食体验的研究中将青年群体这一关键要素抽离，美食的本体价值也将大打折扣。在旅游六要素中，食始终处于第一顺位。随着大众旅游时代及体验经济的发展，美食旅游因其雅俗共赏、带动强劲、地域鲜明被视为疫后文旅复苏的"能动机"，青年群体在美食传播、话题带动、旅游目的地建设中的地位日益突出。我国学者梁增贤和保继刚（2020）指出，相较于遗产旅游和民族地区旅游形成的较易量化、相对固定的标准，美食体验更为复杂多样。随着地域、历史、文化的变迁，美食体验的多样态不仅体现在物质层面的可观可感变化（如住宅建筑风貌、饮食习俗等），还因精神文化、民族思想意识的变化而呈现多元的样式。在场景互动过程中，美食消费者会受到文化差异、社会距离、交往习惯等多因素的影响。也因此，在怀旧餐厅的社会建构研究中时常会对"真实性"提出疑问。这也是近十年"舞台真实性"理论一直居于各类文旅场景研究的中心位置，掀起了一股从人的本体视角展开纵深研究的热潮。由此申言之，从人这一"主体"视角研究美食体验真实性，尤其是本研究将研究对象的界定在最富有创造性和消费潜能的青年群体视域下，是对美食体验真实性研究的丰富和补充。

（2）研究延展了心理学、社会学、营销学以及新文化地理学科的研究场域。怀旧空间是国家、地方、文化和社会的多重属性的承载平台。张涛（2012）、张进福（2020）等学者先后指出，怀旧空间集结了异域本土文化语境、文化景观、时尚怀旧符号、现代都市情感、流行体验方式等多重元素，是消费动机成型的典型的驱动IP。追本溯源地看，既有学研对怀旧型消费空间的研究鲜少涉及如餐厅、咖啡厅、茶室等与日常生活紧密相关的小尺度空间。本书以文和友这一网红消费空间展开，通过建构一个在地化量表来衡量青年群体在小尺度怀旧空间中的真实性感知维度，并对"感知—情感—评价—行为"这一逻辑进路建构了可行的理论架构，为跨人文社会科学学科的交叉研究提供了更为精密的研究场域。

（3）研究提升了怀旧实证的精密度。怀旧是认知和情绪反应的集成，怀旧能够诱发不同情绪特征对行为产生结果迥异的影响（管倩倩，2012；Boniface，2017；Zhou 等，2022）。Lupton 和 Court（1997）指出，这种复杂的怀旧本质突出了利用多维的方法来概念化和衡量旅游怀旧的必要性。全球有关消费者可能体验到的怀旧假说不胜枚举。本研究创新性地将替代性怀旧与其他怀旧类型区分开来，并通过多维尺度捕捉美食体验中替代怀旧的不同内生元素，从多元视角阐释美食怀旧的生成机制与行为特征，扩大了学术界对美食旅游及其美食怀旧体验的理解。

从现实意义来看：

（1）研究有助于增进对餐饮消费心理的了解。在全球化深入发展和我国城乡步入有机更新的今天，以"文和友"为代表的文化体验型餐厅广受追捧。怀旧消费空间是当下消费者情感链接和表达的载体，更是经营者对在地文化理解、消化和集成展示的平台。然而，怀旧餐厅充斥着复杂的购买行为，从刺激到行为之间的情感交互关系亟待厘清。某种程度上，没有人流就无所谓的美食旅游产业，客源是餐饮经营管理中最为重要的议题。如何从消费者的"本体"视角对怀旧餐厅的体验真实性研究进行量化实证，进而发现消费者感知的"心声"，这是高质量、可持续培育怀旧餐厅这一"新生业态"的好办法，同时也可辅助年青一代群体在美食消费过程中，做出理性与感性相平衡的消费选择。

（2）研究有助于为传统文化的焕发新机提供路径启示。在我国，以传统手作、中华老字号、百年老店、非物质文化遗产为代表的文化传承与可持续发展是学者和业界共同关注的热点话题。但是，产品陈旧、经营不善、体制积弊、后继乏人、保护不力等问题一直困扰着传统品牌发展，成为永续经营的"阿喀琉斯之踵"。与其他美食体验形式相比，怀旧餐厅的发展更依赖经营者与消费者之间实现高效的文化交流。在怀旧餐厅业态不断涌现的背景下，学界和业界有必要更为前瞻性地理解"他人的回忆"，充分启动当下主流消费群体——青年人的"欲望"，进而催化情感的共鸣。研究聚焦文和友，充分阐释了真实性体验是怀旧餐厅消费的重要组成和关键之招，加深了对于以替代性怀旧为代表的多样化怀旧类型理解。对目的地营销者和餐饮业者而言，研究成果提供了洞察年轻消费群体特征的好机会，为企业和目的地抢抓国潮复兴、消费复苏的时代趋势指明了方向。

1.3 研究思路与研究内容

1.3.1 研究思路

研究基于几个研究问题开展实证。首先，对真实性感知、替代性怀旧、重购意愿等相关变量的文献进行梳理回顾，在此基础上提出本书的研究对象。其次，结合文献综述的成果提出本书的理论基础，进而建构成型研究的整体概念模型。再次，进一步聚焦青年群体，就美食体验真实性、替代性怀旧、重购意愿等相关变量之间的关系进行理论假设推导。复次，借鉴前人的研究成果和访谈分析结果形成初始调研问卷，进而确定其他变量的相关题项，通过预调研进行问卷的信度和效度检验，同时对测量量表进行净化处理。在得到测量量表具有科学性和可靠性的前提下形成正式量表。又次，进行正式调研，收集到数据的描述分析、信度分析和方差分析采用 SPSS 22.0 进行，验证性因子分析、效度分析、结构方程分析、中介效应分析和调节效应分析应采用 Mplus 软件。最后，对实证结论进行总结，指出研究的理论贡献与后续纵深方向，并就管理启示作出展望。

1.3.2 研究内容

本书立足怀旧餐厅的特定情境，基于上述研究思路，以位于湖南省长沙市天心区湘江中路海信广场的"文和友"餐厅作为案例地，按照"提出问题—分析问题—解决问题"的脉络展开研究，主要内容由下述五章构成：

第一章：绪论。这一章主要是对研究脉络和内容做一个整体且明晰的概括，简要介绍论文的研究背景、目的、意义、内容、方法与创新，并对怀旧餐厅研究的整体架构及思路概而述之。

第二章：文献综述。这一章通过梳理国内外相关文献，对国内外的美食旅游、怀旧餐厅、真实性感知、重购意愿等理论进行系统梳理，也对怀旧情感的细分维度和量表做了细致的文献归集。研究聚焦青年群体，通过梳理、归纳和总结相关文献资料，以替代性怀旧这一怀旧情感特征为切入口，构建了"青年消费群体的真实性感知对怀旧餐厅重购意愿的影响机制"模型。与此同时，引入文化距离与探新求异两个变量，对青年消费者在文和友餐厅中的怀旧情感影响作用做了进一步探讨，分析美食体验真实性的各个维度如何通过正负向怀旧情感对重购意愿产生影响，进而整体性地提出变量维度和系列假设。

第三章：研究设计与方法。本章主要确定研究中各变量的测量方案。首先，通过比较国内外现有的计量尺度，初步确定研究设计和测度量表。其次，通过专家访谈的方法对量表的部分条目进行调适，使其更好地匹配研究问题。最后，在形成正式测量量表之前以预调研的形式对所有量表进行适当的修正，使呈现的结果更为精准有效。

第四章：实证分析。本章主要就研究场景选取和数据采集过程进行详述。与此同时，通过描述性统计分析方法对调校后的各量表实施信度和效度检验。此外，通过因素分析开展模型拟合检验，以验证本研究的理论模型和研究假设。

最后，通过回归分析方法进行实证分析，获取相应的量化结果。

第五章：研究结论与展望。本章是对研究的总结、贡献、局限与启示的概括凝练。通过研究结论的陈述和存在的贡献分析，分析出研究可能存在的局限和可纵深方向，并提出了未来的研究展望。

1.4 研究方法与研究贡献

1.4.1 研究方法

根据研究目的和内容，本研究采用量化分析的研究方法厘清真实性感知、怀旧情感中的替代性怀旧对重购意愿的影响机制，并就整体互动演化过程做出清晰的刻画。在对相关理论的回顾总结和文献梳理的基础上构建研究模型，通过借鉴现有研究成果并结合前测发展测量工具，按照便利抽样方式并借助问卷调查工具获取青年消费者的一手数据，通过结构方程模型分析验证研究模型提出的假设，根据实证结论提出因应对策。

研究借鉴既有成果并结合前测设计（Pilot testing）开展预调研。根据预调研结果，形成了正式问卷。按照便利抽样的方式借助问卷调查工具获取数据。进一步，研究依靠 SPSS 22.0 与 Mplus 软件开展数据分析。具体而言，量化实证中的描述分析、信度分析和方差分析采用 SPSS 22.0 进行；验证性因子分析、效度分析、结构方程分析、中介效应分析和调节效应分析采用 Mplus 软件。

1.4.2 研究贡献

当前，美食情境下的消费者怀旧购买意愿和购买行为研究尚不全面，呈现"点到即止"的散落状态。尤其是，在怀旧餐厅场景中，针对青年消费群体的重购意愿研究还很单薄。究其创新，一方面，研究甄别了怀旧情感特征对重购意愿的关键影响因素，创新性地区分了替代性怀旧体验中的情绪诱因。另一方面，在怀旧餐厅情境下揭示了重购意愿的影响机制。其成果对现有怀旧理论体系和场景不失为有益补充。

研究视角上，将怀旧理论研究融入现象之中，实现了理论与实践的耦合协同。尽管怀旧在餐饮业中发挥着关键作用，但通过对以往文献的全面回顾不难发现若干理论与实践的差距。一是缺乏对替代性怀旧的概念化。既有成果多将复杂的怀旧体验合并在一起，这可能影响对现实解释的权威性。二是现有研究较少从消费者怀旧心理的认知和情感体验方面做深入的研究。概括来看，没有人流就无所谓的美食产业，客源是餐饮经营管理中最为重要的议题。从青年消费者的"本体"视角对怀旧餐厅的体验真实性研究进行量化实证，进而发现青年一代的"心声"，这是高质量、可持续培育怀旧餐厅"新生业态"的好办法，同时也可辅助年轻一代群体在美食消费过程中，做出理性与感性相平衡的消费选择。

研究情境上，关于消费者怀旧理论的实证主要围绕西方国家展开，中国情境下的怀旧体验研究尚不够丰富。本研究在中国怀旧情境下，建构了本土青年消费者怀旧心理量表，并就传导机制和形成机制给出了实证分析，加深了中国情境下的替代性怀旧理解。对"性价比"时代我国城市经营管理和餐饮业者而言，研究成果提供了洞察中国年轻消费特征的好机会，为抢抓消费复苏给出了"有所为有所不为"的路径方案。

1.5 技术路线

技术路线如图 1-1 所示。

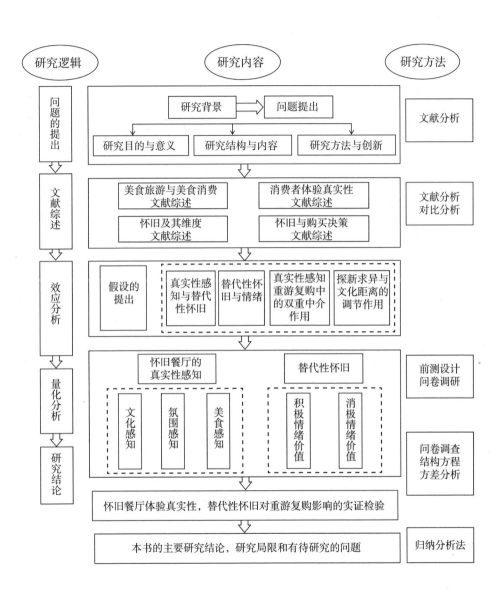

图 1-1 技术路线

第二章
文献综述

　　餐饮消费对改善城市服务业结构、扩大就业规模、提升城市经济收入有着重要影响。就餐，是集视觉、嗅觉、味觉等多重感官的深度体验。如前文所述，既有学研大多视就餐活动为一种"果腹之欲"的基础性消费来研究。在中国大陆，以超级文和友、旧城记、大食堂为代表的，众多怀旧餐厅火速出圈。值得一提的是，并非每一位到访者都有亲身的场景生活体验。也因为此，怀旧餐厅在年轻消费者中凸显出的复杂性与特殊性，为旅游学研的纵深创造了新场景。追本溯源地看，怀旧作为个体思念过去时复杂的情绪状态，可能存在负面、正面抑或苦乐参半的情绪（李湘云等，2017）。就替代性怀旧而言，怀旧情感与一个人的直接体验无关，反映了个体对想象中的过去的渴望（李静等，2015）。例如，一个国家的"黄金时代"显然不在当代人的生活记忆中。本章对研究主题的相关研究成果进行综述并提出相关研究假设及理论模型。其中，情绪唤醒理论与认知评价理论是本研究的理论基础。

2.1 真实性感知研究

2.1.1 真实性的定义

　　真实性的原文"authenticity"源于希腊罗马语，是"authentic"的形容词，意指"the quality of being real or true"。中文将其译为真实性、确实性与可靠性。本研究聚焦美食消费与怀旧体验情境，将真实性定义为：在怀旧体验时所处的餐厅环境与氛围带给游客真实性的符合程度，主要构面为历史性、外观性与独特性（李斌等，2015；易小力等，2024）。

"Authenticity"一开始被用于说明文物在保护原则方面的不足之处，最早被《威尼斯宪章》一书所收录。放到中文语境下，大多将该词译为原真性或真实性。"Authenticit"含义丰富，现已引申出正品、信度、真实性、实际、准确程度、开端、原始等含义（厉新建，2008；赵红梅，2012；Afshardoost和Eshaghi，2020）。"Authenticity"在中文语境下的"真实性"与"原真性"有所差别，"真实"拆分二字意思相近，是并列词汇；"原真"强调"原"这一最初的状态，是复合词汇。阮仪三与林林（2003）、曹娟（2007）、周志民（2023）等国内学者认为"原真性"是对"Authenticity"一词最恰当的翻译，并将其应用在建筑保护、文化遗产保护等跨学科研究中。在社会学和文化遗产的旅游转化研究中，盛佳等（2013）、董培海与李伟（2013）、孙九霞等（2023）也先后将"Authenticity"翻译为"原真性"，曾国军与梁馨文（2020）在学者张朝枝的成果基础上旗帜鲜明地指出，"原真性"这一翻译后的表述在文化遗产方面匹配度较高，可释义为保留文化遗产本真和原处的模样，有相对固定的可衡量标准。Authenticity译为"真实性"，对这一翻译的表述，Cohen（1979）指出，存在于哲学、语言学等领域。既有学术研究在真实性情境下展开的消费研究占据多数，有代表性的学者如田美蓉和保继刚（2005）、周亚庆等（2007）、杨振之和胡海霞（2011）、周晓凤等（2023）。美食研究中，程励等（2018）认为"真实性"要比"原真性"更加符合意境，以强调游客与消费者对食物、环境、氛围、目的地的体验感知。自2020年起，在历史文脉保护和建筑保护的学术成果中也开始以"真实性"一词描述保护历史进程中的真实性。因此，在本研究紧扣青年群体体验的情境下，"Authenticity"在主客两体之间译成真实性比原真性会更为贴切。

2.1.2 理论基础

理论基础是设计研究框架的前提。真实性感知作为情绪理论的源起，受到个体和环境的相互作用。马迎（2020）指出，拉扎勒斯的情绪理论基础是情绪活动必须有认知活动的指导，即消费者恰当且有价值的动作反应要基于对环境中刺激事件的意义感知。最初的研究成果认为真实性不仅是客观的事实存在，更是标准化的测度。随着技术的变迁，Eco（1986）、谢彦君与吴凯（2000）、魏雷等（2015）先后指出，客观现实已经解体，以"仿真"为代表的现代技术实现的"超真实"可以以假乱真，人们乐于接受来自虚无的"超现实"。换句话说，建构主义视角下的真实性感知是渐进变化的动态过程，消费者认为的真假即为真假（石张宇与齐文权，2024）。在吸引物真假不论且可以被商榷的进程中，情绪唤醒理论和认知评价理论被广泛使用。

情绪唤醒理论认为，情绪与认知、记忆和行为反应密切相关。Yeung 等（2004）认为情感和动机在认知和记忆的基础上产生，并且情感在刺激事件和情绪反应之间起到调节的作用。根据情绪信息等价说，情绪作为有一定效力的信息线索对决策判断产生直接影响。D'Argembeau（2004，2005）经过一段时间的研究提出了情绪启发模式，具体来讲基于情绪反应的决策机制构成了消费者行为分析的核心框架，该框架深刻凸显了情绪在塑造消费决策路径中的核心作用。同时，不容忽视的是，认知因素同样在消费者行为中扮演关键角色。这一发现不仅吸引了学术界的广泛关注，还广泛体现在消费者决策的多元化探索中。Frijda（1994）创立的认知—唤醒理论，精妙地阐述了情绪与认知在情绪启动过程中的相互关系，将认知视为触发情绪反应不可或缺的前提条件。进一步地，Holak 等（2007）、Bisby 与 Burgess（2014），以及 Caplan 团队（2019）的研究聚焦消费者怀旧情感的细腻展现及其心理机制如何深刻作用于消费行为，进行了大量研究。在此背景下，Holbrook 与 Schindler（2003）等构建了代表意义的情绪模型，创新性地指出决策过程受到预期情绪和实时情绪两个维度的认知评估影响。Sedikides 和 Wildschut（2019）经过研究发现，消费行为决策由消费者形成，在形成时既可以基于认知，也可以基于情绪，还可以将二者深度融合。在 Mather 等（2007）现有的研究中，消费者对怀旧产品产生购买行为具有多维度特点，情感和认知双重因素均发挥着一定作用。简而言之，认知加工系统和情绪反应系统不是独立的个体，而是有机的组合体，在消费者行为中起着重要作用。在 Mather 和 Nesmith（2008）以及 Mather（2009）在进一步分析中实证了情绪和认知既可以是独立分离的个体，又能以其特有的方式影响消费者行为决策，进而帮助消费者做出更佳的决策。由上述发现可知，本研究的理论模型构建首先依托相对灵活的情绪唤醒理论，并纳入情感因素和认知因素，以此作为理论基础和依据。

认知评价理论（Cognitive Appraisal Theory）是情绪理论的代表之一，由美国研究心理学的专家学者拉扎勒斯（R.S. Lazarus）创造性地指出。情绪是人与环境相互作用的结果，是该理论的核心主张。情绪活动中，个体面临复杂环境，不仅接收来自环境刺激事件直接造成的影响，还会自主地就刺激事件的反应进行调节（Xing 等，2021）。个体对周边事件不断评估的依据，是幸福感和个人目标达成之间的紧密联系程度。这一评估逻辑根植于认知评价理论的精华核心。所以，从个人角度而言，事件及其潜在影响的系统性审视，本质上是一种认知评价活动，不仅促成个体行为反应，还指向情绪倾向反应（Geddes 和 Callister，2007；Koopman 等，2020）。在心理压力研究的早期探索阶段，"评估"这一概念虽频繁被学者们所触及，却往往以一种含蓄而隐晦的方式呈现，缺乏系统性的阐述与正式化的界定。系统地讨论评估的概念由 Arnold 创造性地展开，"评估是情绪的认知决定因素"是她的主要观点，Arnold 将其描述为一种自发，直观发觉的过程。赵富强等（2023）以实证的方式清晰证明了评估对情绪起决定性作用，并指出情绪反应可以当时触发，尤体现在强烈的视听觉刺激，更甚于对更抽象或微妙的暗示性反应。孙明贵与郭彦（2016）借鉴上述两个理论的共性机制，以情感和认知作为消费者怀旧行为的反应要素，以此建设怀旧行为意愿形成机制框架（图 2-1）。

综上所述，无论是情绪唤醒理论抑或认知评价理论，两者均不约而同地强调了更为复杂、动态且与意义相关的认知活动的重要性。这对本研究期望获得的消费者真实性感知情况，尤其是微观空间内的青年群体真实性感知有着高契合度和指导价值。因此，本书选取情绪理论中相对成熟的情绪唤醒理论和认知评价理论，用以判断青年消费者适当的、有价值的动作组合价值（Burgess 等，2022）。后续，研究将通过模型化视角，进一步探究怀旧餐厅情境下青年消费群体的心理传导机制以及重购意愿的形成路径。

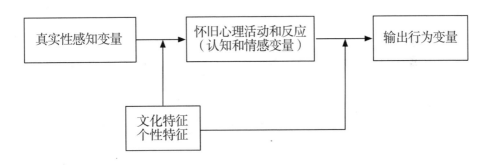

图 2-1　怀旧意愿形成机制

2.1.3 真实性感知的研究综述

概括来看，真实性（Authenticity）是旅游学术研究中较早涉猎，也是较有争议的概念之一。最早的真实性研究聚焦领域之外的理论和观点，其中最为显著的是历史学（Boorstin，1992）、社会学（Cohen，1988；Mac Cannell，

1973）和人类学（Bruner，1994）领域的探索。Kolar 和 Zabkar（2010）的研究，将真实性作为游客动机和 / 或满意度的变量（Dom í nguez-Quintero 等，2020；Lin 和 Liu，2018；Park 等，2019；Shi 等，2020）。更具体地说，这还包括目的地图像对行为意图的感知真实性（Abascal，2019；Jimenez-Barreto 等，2020）。此外，部分研究论证了与真实性相关的满意度调查包括品牌忠诚度、（再次）访问意愿、感知质量和感知价值（Fu，2019；See 和 Goh，2019；Yi 等，2018）。对感知价值与纪念品购买行为的关系也有相当大的着墨（Fu 等，2018；Lin 和 Wang，2012）。在真实性感知的实践中，食物和餐馆作为一个独特的研究集群，首先出现在 2011—2015 年的时间序列中。这些研究的考察主要聚焦三个方面：一是食物对目的地重购意愿的感知真实性（Chung 等，2018），二是真实性在食物熟悉度、新鲜度和感知风险中的作用（Youn 和 Kim，2018），三是用餐时食物属性的感知真实性、餐厅形象和情绪如何影响美食消费意愿（Kim 等，2020）。

在目的地发展中，真实性被视为核心驱动力，其源自 Mac Cannell（1973）提出的舞台化理论的日渐成型，以及 Boorstin（1992）的伪事件理论日趋受关注，引发学者对主体在文旅消费中就真实性体验感的注目。在美食体验的真实性研究领域内，当前学术界的共识尚显薄弱，未能就其核心概念达成普遍一致的界定。尽管早期如 Mac Cannell（1973）等先驱者已初步探索并隐晦地触及了包括客观真实性及人际真实性在内的多维概念体系；龚潇潇等（2021）提出基于消费者购买意愿情景下的"热真实"和"冷真实"；Wang（1999）细化存在真实性为两个相辅相成的维度：一是个人体验层面的真实性，侧重于身体感官的直接感知与体验；二是人际互动层面的真实性，聚焦个体在社交环境中自我认同与表达的真实状态。在学术探讨中，客观真实性主义对真实客体的强烈偏好显而易见；而存在主义则更为推崇一种在超脱日常生活界限后，于特定阈值内所体验到的真实性，这被视为存在状态的深刻表达；此外，建构主义理论则强调，消费者的个人感受、联想及认知构建等主观体验，是构成其自我认知不可或缺的一部分（石张宇与齐文权，2024）。追本溯源地看，当前，美食体验的真实性研究主要聚焦对象与存在两大层面，其中对象层面进一步细化为客观性与建构性两个维度进行探讨。然而，值得注意的是，由于研究背景的差异，所采用的测量指标亦呈现出多样性。鉴于此，本研究旨在已有学术成果的基础上，对游客在美食体验中所感知的真实性维度进行更为精准且深入的题项提炼，以期构建更具普适性和针对性的研究框架。研究系统梳理了海内外既有标志性的节点成果，总结于表 2-1 中。

表 2-1　真实性感知相关文献

代表性学者	文献年份	主要观点
Trilling	1972	艺术作品是否呈现其本身或观众是否需要
Mac Cannell	1973	真实性可经由测量被评估，可被量化标准而定义，如艺术品、美食、民俗等观光产物，都可被形容成真实或不真实的
Cohen	1988	依据游客个人主观体验判断该地真实程度
Wang	1999	传统文化或其起源的真实性具有不可替代性，来自游客观光经验本身的结果，而非全然来自旅游环境
Waitt	2000	环境、建筑物等实质元素的真实性是游客感受历史再现的重要依据
Taylor	2001	观光产业视角下的真实性，是游客企图获得他人真实性存在事物或经验感受。
Revilla 和 Dodd	2003	消费者和个体对物品传统特征、外观功能、获取难易程度、当地生产与低成本的认知程度等因素综合组成了真实性
Reisinger 和 Steiner	2006	真实性基于看得见摸得着的物体
Kolar 和 Zabkan	2010	游客借由已体验过观光活动的真实程度所获得的知觉程度与乐趣
Lin 和 Wang	2010	该地物品的原创性程度，外观表面所呈现的文化和历史意境、功能运作组成了人民的真实性感知
Gausel 等	2012	美食体验中的真实性是消费者认为该地符合历史情境的程度
Okumus 和 Cetin	2018	真实性感知是判断其现代价值，特定的、独特的，有形和无形皆可；不同文化、时间、地区的人对其真实性的认知不同
石张宇，齐文权	2024	真实性感知是真伪兼有的感受。消费者乐于接受来自虚无的"超现实"。建构主义视角下的真实性感知是渐进变化的动态过程，消费者认为的真假即为真假

图表来源：作者根据既有文献整理。

2.2 消费者怀旧

2.2.1 怀旧的定义

怀旧（nostalgia）是一个古老而常新的话题，源自希腊语。nostos，即返回故里；algos，即苦楚、艰苦、困厄。"怀旧"这一概念，可追溯至早期瑞士经商人士离家营商之际遭受的生理与心理上的不适应。怀旧一直被视为病理术语贯穿于 19 世纪到 20 世纪初，用于描述长期离乡漂泊导致的思乡病，主要症状表现为沮丧、抑郁甚至自我毁灭（McCann，1941；Lang 和 Davis，2010）。广义上看，怀旧行为横亘人类生活始终。远到上古时代先人祭祖活动，近到时下追捧的古早范儿，皆可纳入怀旧范畴。19 世纪末，全球现代文化转型变革使得怀旧的定义逐渐远离医学领域。背井离乡的纠结与传统现代的交织，使得人们急于唤起过去的理想化心态（Kim 等，2019；Reid 等，2015；张辉等，2021）。与之相伴的，市场营销、传播、学术、文学乃至整个社会领域均有所涉及，成为一种具有社会属性与审美意义的"社会文化景观"（卢泰宏，2017）。在《新牛津辞典》里，怀旧被视为对过去情感上的留恋，尤其是透过过去生活经验上的愉快时光所引起的部分。我国《新华字典》将怀旧解释为念旧或怀念往昔。由此申言之，本研究视域下的怀旧可定义为：青年消费群体在怀旧餐厅情境下唤起对过去的记忆、回想到美好时光的渴望及思念，以及青年消费群体透过实质的真实性感知引起的特殊情感。其构面包含个人怀旧与替代性怀旧。就青年消费群体的替代性怀旧看，其是一种对发生在记忆范围之外的渴望感觉，它可以通过美食和环境产生情感价值（产生共情）。

2.2.2 怀旧的维度

梳理现有文献资料，可将消费者怀旧维度大体分为以下三类。

一是个体怀旧或集体怀旧经历的维度。个体怀旧和共有怀旧是 Kaplan（1987）从个体角度和社会角度两个维度提出的。个体怀旧强调个体对自身过去经历的回忆和怀念，是一种个人化的情感体验；而共有怀旧则与社会历史事件和时代变迁相关，强调对过去时代的怀念和追忆。Xing 等（2021）提出了集体怀旧的概念。集体怀旧涉及一群人共同分享的怀旧情感，指的是在特定生活区域内聚居，拥有相似文化背景、共享类似经历、相互兼容的宗教信仰，呈现出某种可重叠性格特征的人们，可以引发一种高度相似的情感共鸣。

二是间接体验或者直接经历的维度。根据 Cho 等（2017）的区分，怀旧经历可以分为直接经历和间接经历两种不同的形式。直接经历怀旧指个体亲身经历、具有确凿体验基础的怀旧；间接体验经历涉及代际交流，通过尤以长辈为代表的上一代人的对话分享而触发。可展开来说，怀旧还可进一步深化为真实和模仿两种怀旧，后者详细来说就是不直接从自身出发，而是从他人身上得到的怀旧情感。

三是两层维度相结合。学术探讨中，Kaplan（1987）将两个维度的融合从不同角度被释义为代际怀旧和真实怀旧、共有怀旧和个体怀旧。使用拼贴画这一工具，Holak 等（2007）进一步验证怀旧的多维性，细分出个人怀旧、人际怀旧、文化怀旧及虚拟怀旧四大维度。具体而言，个体怀旧聚焦个体生命巅峰时期亲历事物，以质为先而不是数量，承载着非凡的意义和价值。相较而言，文化怀旧归属于群体性的直接体验，强调个体与个体，个体在群体内与其他个体的关联，与同伴间通过共享象征意义而建立的深厚联系；而虚拟怀旧作为集体间接经历的一种体现，其范畴广泛，不仅涵盖了文化历史的追溯，还融入了对不同文化元素的向往与渴望。在此维度下，人际怀旧根植于消费者个人的亲身经历，具有高度的个性化色彩；虚拟怀旧则依托于社群或团队共有的历史记忆，体现了集体性的情感共鸣。同时，间接怀旧有多种表述，如 Gotow 等（2022）所称的模仿怀旧，以及 Pascal 等（2002）所提出的历史怀旧。就我国学术界现有成果而言，关于怀旧情感结构维度的划分已展开了初步而深入的探索。蔡明达与许立群（2007）选取地方老街作为研究重点对象，深刻剖析后指出，怀旧不仅是情感的流露，更是文化的一种独特展现。他们通过使用因子分析等多种先进方法，精心设计了怀旧情绪测量工具，并创新性地识别出怀旧情感的多维度结构，包括精美情怀、休闲情怀、感触情怀和历史情怀。这一发现为怀旧研究开辟了新路径。另外，张亮等（2024）则将怀旧视作消费者态度的一种具体表现，并据此开发了专门的怀旧态度评估量表。研究结果显示，"伤感""漠然""回味"三大维度能够较为全面地刻画出消费者的怀旧态度特征，为理解消费者心理提供了新视角。此外，何佳讯（2010）基于对中国消费者消费习惯及社会文化背景的深刻理解，提出了怀旧情感的三维度模型，即人际怀旧、家庭怀旧与个人怀旧，这一模型深刻揭示了中国消费者怀旧情感的独特内涵。然而，值得注意的是，尽管上述研究在横向剖析怀旧情感方面取得了显著进展，但从纵向角度深入探讨怀旧情感维度划分的研究尚显不足。通过系统梳理相关文献，笔者发现，从刺激物触发怀旧情感产生的动态过程出发，可以进一步将消费者的怀旧情感细化为怀旧倾向与怀旧强度两大维度。其一是怀旧倾向。怀旧倾向是消费者个体针对自身过往经历或接触过的对象所持有的一种稳定而持久的认知倾向与情感态度。它反映了个体对过去事物的价值判断与情感依附，是驱动个体在特定情境下回溯往昔、体验怀旧情感的重要心理基础。怀旧倾向反映了消费者生活方式和个体特征的一般性差异，作为一个心理特征变量，在区分同年龄层消费者心理、情感和行为等方面的差异程度（Holbrook，1993）具有一定作用。怀旧倾向可归类到消费者特定价值观的领域，作为一种心理特征，内隐不外露且相对稳定（李庆与崔春莹，2022）。它是一种内化过程，受到社会、文化、经济及个人其本身原因影响，在外界环境日渐推移中塑造出消费者相对稳定的内在特质，形成了一定的倾向性（Holbrook 等，2003）。进一步分析表明，怀旧倾向作为一个关键特征变量，能够有效区分并深刻反映消费者的内在价值观差异，这种差异往往根植于个体性格特质、成长背景、性别角色以及年龄层次等多个维度之中（Holbrook，1993；Holbrook 等，2003；黎耀奇与江秋敏，2023）。其二是怀旧强度。特指企业在精心策划下，通过外部刺激手段作用于消费者个体时，所激发出的对过往人、事、物乃至整个时代的强烈怀念与追忆程度。这一维度不仅衡量了外界因素触发怀旧情感的有效性，还揭示了消费者在情感层面上对过去记忆的投入与沉浸深度。它具有外显性、易变性和短暂性，从某种角度来说可被看作一种已显露出的程度刻度（Reisenwitz 等，2004；王丽丽 等，2024）。从消费的交互效果看，在探讨消费者怀旧强度的形成机制时，需综合考虑消费者个体内在因素与企业精心设计的怀旧刺激手段之间的相互作用。具体而言，当消费者在特定时间节点上遭遇外界的某种触发性刺激时，这种刺激将与其固有的怀旧倾向发生深刻互动，进而催生出具有显著强度的怀旧情感体验（李曼丽与孙明贵，2022）。

2.2.3 怀旧的测量

通过系统性地搜集与整理现有文献资料，本研究对学术界广泛采用的消费者怀旧测量工具进行了深入归纳与分析，最终将其主流类型提炼并归纳为三个核心类别。

一是怀旧倾向量表。在 1991 年，Holbrook 与 Schindler 两位学者率先构建了包含 20 项测量指标的怀旧情感量表，这一开创性工作为后续研究奠定了坚实基础。随后，于 1993 年，经过更为严谨的验证与精练过程，该量表被优化至仅包含 8 个核心测项，既保留了其全面性与深度，又提升了测量的简洁性与效率。至今，这一精简后的量表已成为学术界内应用最为普遍、认可度极高的消费者怀旧情感评估工具之一。但是，两种截然不同的维度在 Holbrook

创造的怀旧倾向量表较为明显，即生活和产品怀旧、个人和社会怀旧倾向，以上细节由 Rindfleisch（2000）、Reisenwitz 等（2004）通过定量研究发现。2008 年，此量表在实践中暴露其局限性，在何佳讯等横跨三个城市的实证研究与问卷调查中，他们洞察到既有的怀旧倾向量表在评估中国消费者群体时存在局限性，尤其是在捕捉中国消费者对老字号品牌购买意愿及情感态度的细微差别上力有不逮。基于这一理论探讨与实践反馈的双重考量，温韬与秦通（2019）巧妙融合了中国本土文化精髓与西方怀旧倾向量表的经典元素，成功研发出一套专为中国消费者量身打造的、具备高度可靠性的怀旧倾向评估工具。这一创新不仅夯实了针对中国不同年龄层消费者怀旧倾向研究的理论基础，也为其后续的实证探索铺设了坚实道路。值得一提的是，刘晓燕等（2009）所编制的怀旧态度量表，在与其他怀旧相关量表进行比对分析时，展现出了多层次的关联性与差异性，进一步丰富了怀旧研究领域内量表间关系的复杂性探讨。这些发现共同为深入理解中国消费者怀旧心理的多样性与独特性贡献了新的视角与证据。

二是怀旧情感的量表。Pascal 等（2024）所设计的量表，作为评估特定刺激（如广告、音乐、气味等）诱发消费者怀旧情感强度的先驱工具，其应用范畴广泛而深入。相较而言，Baumgartner（1992）的研究则更为聚焦，他针对音乐领域，开发了一套旨在量化音乐所激发的消费者怀旧体验的量表，该量表不仅触及音乐触发的个人记忆，还深入探索了这些记忆所伴生的情感共鸣。Baker 与 Kennedy（1994）则采用李克特五分制量表，精妙地衡量了受试群体在接触怀旧广告后所涌现的怀旧情感强度，为广告效果的怀旧维度分析提供了科学依据。此外，Bachelor（1995）别出心裁地设计了一款怀旧目录量表，该量表聚焦个体对年轻时期事物（即怀旧触发的元素）的怀念程度，为理解个体怀旧偏好的差异性开辟了新视角。而 Pascal 等（2002）在先前研究的基础上，进一步细化了对怀旧广告效果的量化评估，构建了专门用于衡量广告激发消费者怀旧情感深度的量表，这一贡献显著增强了广告心理学领域的实证研究能力。Wildschut 与 Sedikides（2004）的研究则是对音乐与怀旧情感之间复杂关系的深刻剖析，他们强调音乐中蕴含的乐器、旋律及歌词等多重元素，均是诱发怀旧情感的强大媒介。通过实证研究，他们证实了即使在广告环境中，音乐也能跨越时空界限，触动消费者的怀旧心弦。

三是怀旧情绪的量表。在学术探索的征途中，蔡明达与许立群（2007）两位学者率先迈出了重要一步，精心构建了怀旧情绪量表，该量表创新性地采纳了语义差分法作为核心测量手段。通过严谨的实验设计与缜密的因子分析技术，他们成功地解析出怀旧情绪的五大核心维度：休闲情怀、感触情怀、温暖情怀、精美情怀和历史情怀。有些许遗憾的是，在消费者怀旧度量标准与维度划分上，学界仍存在一定的分歧与多样性，不同学者基于各自独特的视角与理论背景，纷纷展开深入探索。研究对测度量表的演进进行了回溯，并通过表2-2呈现。需要注意的是，量表的适用性需在不同情境下执行进一步的研究和验证，同时还需要就跨文化背景做进一步的细化工作。

表2-2 怀旧量表汇总

学者及文献时间	名 称	主要观点
Mckenchie，1974	古物量表	量表选取8大独立量表的20条陈述，聚焦在环境反测项库，不涉及怀旧经历，主要测量个人对过去的倾向。后续学者研究证明，测量怀旧需要测量对过去的记忆和记忆带来的情感
Taylor 和 Konrad，1980	体验量表	体验量表共有12句陈述，来自对过去倾向测量量表的4个维度之一，主要测量个人对过去的倾向
Holbrook 和 RMSchindler，1991，1993，1996	怀旧倾向量表	怀旧倾向量表现有8个问项，在原有20个问项的基础上精简而成，用于测量怀旧倾向
Holbrook 和 Schindler，1994 Holak 和 W.J.Havlena，1998，2008	怀旧强度量表	怀旧强度量表主要测量怀旧强度，由4个问项构成。该量表有被在一定范围内认同但被引用程度有限
Baumgartener，1992	怀旧度量量表	量表由20个问项组成，反映个人对年轻时如家人、地点、玩具、音乐、友人、生活方式等对象的怀念程度。主要测量集体怀旧、共有怀旧
Batchos，1995	怀旧目录量表	量表包含20个问项，反映个人对年轻时的对象，如家人、地点、玩具、音乐、友人、生活方式等的怀念程度。主要测量集体怀旧、共有怀旧
Grayson 和 Shulman，2000	索引量表	测量所有物激发的对过去的记忆
Coyle 和 Thorson，2001	集体怀旧量表	测量网站带来的对现实世界的心理感受

续表

学者及文献时间	名　称	主要观点
Pascal，Sprott 和 Muehling，2002	怀旧测量量表	由 10 个问项组成的测量量表，主要测量个人怀旧，测量怀旧广告引发的怀旧情感
蔡明达、许立群，2007	怀旧情绪量表	以地方老街为例构建而成
刘晓燕等，2009	怀旧态度量表	13 个问项组成
何佳讯，2010	CHINOS 量表	14 个测项，基于中国社会文化特点构成

图表来源：作者根据既有文献整理。

2.2.4 消费者怀旧的研究综述

怀旧消费风潮在 20 世纪 90 年代初席卷全球。此风尚激发了西方学术界对消费者行为领域的深入探索，具体聚焦消费者的怀旧倾向。关于消费者怀旧这一现象，诸多学者从不同维度进行了概念界定，尽管这些定义在表述上各具特色，未能达成完全的字面统一，但究其根本，其核心意义与理解上却呈现出高度的一致性。在众多定义中，尤为引人注目的是由霍尔布鲁克与辛德勒两位学者共同提出的阐释。一种对过去事物（人、事、物）的喜爱是消费者怀旧（何佳讯，2010），尤指在人们儿童时期、青春期、成年初期等年轻时广泛传播的流行、时髦或惯常事物。另外，卢泰宏（2017）、王亚力等（2018）也指出，怀旧包括但不限于个体亲身经历事物的喜爱，还涉及个体未曾经历过的事物和时代。由此申言之，个人的亲身经历是怀旧的可能来源之一，还有一种可能来源是对间接经历的情感回忆（Hol brook，1993；孙九霞等，2023）。进一步看，除了增加积极情绪（Zhou 等，2022）之外，怀旧还在人际功能方面带来显著的增值，如以自尊为代表的自我导向树立、以感悟生活意义的存在主义树立，以及以社会关系链接的社会性树立等（Wildschut 和 Sedikides，2022）。概括来看，怀旧大体是一种自我积极属性显著的情绪状态（Vess 等，2012；Hepper 等，2021）。实证显示，怀旧场景能够平滑依恋焦虑和逃避，使得消费更为乐观（Cheung 等，2013），促使更为强烈的购买欲望生成（Routledge 等，2012）。

怀旧可以通过不同方法和多种刺激物唤起，消费者丰富的情感反应也会被激发。潘姝澄（2022）的研究表明，休闲活动是引发怀旧情绪的途径之一。Lisa（1998）通过定性研究发现，怀旧可以由包括人物、事件、物品在内的有形或无形的元素引起。相关研究实证了 Lisa 的研究成果，怀旧元素涉及亲属、挚友、伴侣等情感纽带的相关元素，诸如古董藏品、穿戴服饰等实体物品，以及音乐旋律、歌曲传唱、影视作品等非物质物品，均能成为触发怀旧情感的媒介。怀旧涵盖面极为广阔，几乎渗透至人类生活的每一个角落与层面。参考孙明贵等（2015）的研究，以及石文雪与孙明贵（2024）的探讨可知，绝大多数消费行为均可能交织着怀旧的情感纽带。此外，消费者怀旧研究进程还与消费者多样化的情感特征研究息息相关。Holbrook（1993）在其研究中对多元化的 16 项情感维度进行了详尽的评估，其结果揭示了怀旧情感的多维度与复杂性，具体表现为五个显著且相互交织的情感因子：喜悦愤怒、高亲和力、沮丧、志得意满和害怕至极。这些情感因子不仅涵盖了诸如温馨、快乐、感激与友爱等积极正向的情感色彩，而且触及了负面情感，如失落、悲伤。Holbrook 和 Schindler（1994）、Ordabayeva 和 Fernandes（2018）等学者在探讨怀旧情感的复杂性时，普遍认为其兼具积极与消极的情感面向，犹如酸甜交织的双重特性。Bartier 与 Friedman（2013）借助 Mehrabian 及其团队所构建的情感三维度评价工具，深入剖析了怀旧反应中的情感构成，发现尽管怀旧情感内在包含多样化的情绪体验，但总体而言，其主导特征倾向正面性质。

Grebosz-Krawczyk（2019）的研究成果着重强调了怀旧情感与记忆之间不可分割的紧密联系。他提出，尽管学术界往往聚焦怀旧情感本身的基础性研究，却不可忽视记忆过程在此中的高度相关性。关于怀旧情感的表现形式，尽管存在多元化的见解，但普遍共识在于，怀旧并非只是过往经历的片段性拼凑或简单回忆，而是蕴含了更为深刻和复杂的心理机制。众多学者倾向认为，怀旧是一个多维度的概念，需要脱离将其简单看成过去经历的记忆排列组合的方法，而是经过选择性加工，使得总体上更倾向正面回忆，经过"玫瑰镜"的筛选后，产生消费行为的人会筛出不正向怀旧感触，来维系或者进一步深化自我认同感（McKechnie，1977；Havlena 和 Holak，1996）。不仅如此，个体的自我认同与记忆密切相关，记忆形成过程中的消极因素大多数情况下会被储存或忽视（Taylor 和 Konrad，1977；Holbrook 等，2003；石文雪与孙明贵，2024）。

近三年，学界研究愈加清晰地刻画了怀旧是消费者行为的一种重要情感的事实。基于人们对现代生活是否会影响社会功能的担忧（Taylor 等，1980），有关怀旧作为一种社会情绪在自我调节方面的关键作用的研究正在聚集起来（Wildschut 等，2022）。未来的工作不仅应该探索怀旧在消费决策中的积极作用，还应该探索边界条件，考虑来自怀旧的社会效用如何突出积极的消费结果（Evan 等，2023；Pascal，2024）。研究系统梳理了海内外有关消费者怀旧的标志性节点成果，总结于表 2-3 中。

表 2-3　消费者怀旧理论演进的标志性节点

学者及文献时间	学者对消费者怀旧概念的理解
Davis，1979	渴望过去或向往昨日
Batcho，1995；Holak 和 Havlena，l998；Kaplan，1987	是唤起过去积极情感的一种行为
Holbrook 和 Schindler，1991	怀旧是对常见于人们较年轻时候的事物的喜爱
Stem，1992	渴望回到过去，渴望理想化的过去
Baker 和 Kennedy，1994	对过去经历的体验及产品或服务的伤感的、苦涩的期望。具有对过去的憧憬和酸甜两面性等方面的特点
Goulding，2001	是消费偏好的一种，是一种消费体验，一种暂时性的记忆重现，也代表逃离社会得到解脱
Pascal，Sprott，Muehling，2002	理想化过去的集合，通过各种方式激发消费者产生积极情感
Ordabayeva 和 Fernandes，2018 Pascal	怀旧体验伴随成功回忆的积极情感
Pascal，2024	对理想化的过去以及摒弃不美好过去的渴望

图表来源：作者根据既有文献整理。

2.2.5 替代性怀旧的定义

根据 Holak 等（1992）的观点，怀旧广泛存在于人生的不同阶段。就萌生的频次考量，在个体步入中年、退休以及人生历程的过渡周期等阶段尤甚。然而，Holbrook 和 Schindler（1994）的研究显示，怀旧情绪并未随年龄增长而增强，其是一种个人持久的心理倾向，与年龄没有直接关联。Bachelor（1995）提出，年龄并非决定消费者怀旧倾向的决定因素，年轻人同样能体验到怀旧。Goulding（1999）指出，个人层面的怀旧是各年龄层共有的情感体验。Goulding（2002）的研究进一步佐证了深度的怀旧感受更多关联于个人对年龄的感受，而非实际年龄本身。与 Reisenwitz 等（2004）的研究结果有所不同的是，他们发现个人的怀旧倾向确实会随着年龄的增长而加强，这在中老年人群及退休人士中尤为明显。不过，社会性的怀旧倾向则随年龄增长呈现减弱趋势。上述代表性的研究成果共同揭示了怀旧情绪与年龄关系的复杂性，表明个人怀旧与社会怀旧随年龄变化的路径可能有所差异。由此申言之，大量研究实证了年龄与怀旧是相互独立的变量，它们之间没有直接的必然联系。一般地，经历特殊事件的人群、生活环境发生巨大变化的个体、保守主义者和潮流追随者均容易产生怀旧（孙明贵与张义，2011）。

由上述实证结果不难发现，怀旧类型的区分集中在个人记忆还有集体记忆上（薛承鑫，2022）。先前的研究使用自传体记忆理论和集体记忆理论来解释个体如何唤起不同类型的怀旧情绪（Tulving，1972；Turner，2013）。根据自传体记忆理论，与个人经历相关的怀旧触发会带来自传体回忆。这种回忆过程被发现与一个人的情景记忆和自我参照思想紧密关联（Tulving，1972；费显政等，2021b）。因此，与一个人的自传和个人叙述相关的怀旧类型被称为个人怀旧（Davis，1979；费显政等，2021a）。相比之下，集体记忆中的替代性怀旧并不是自传式的（高辉与卢泰宏，2016；费显政等，2021b）。替代性怀旧被视为是由一个人的集体记忆驱动的，而这种记忆是由历史事件或传统文化所触发的（Davis，1979）。

进一步看，个人的怀旧情绪与一个人的直接记忆有关，如他们的童年或家乡，并且可以被一个物体或者事件所唤起（如旧的图片或亲属的离世）（Hull，1931）。然而，就替代性怀旧而言，其与个人的直接体验无关，反映的是个体对想象中的过去的渴望（Oscar 等，2023）。因此，部分文献也将替代性怀旧称为历史怀旧。例如，一个国家的"黄金时代"显然不在一个人的生活记忆中（Goulding，2002）。Nikolova 等（2018）指出，没有其他词语能更好地形容

替代性怀旧这一 "现代病" (modern malaise)。作为当今世界普遍存在的一种心理，替代性怀旧充斥着大众传媒，成为广告营销的诱饵。国内学者梁增贤与保继刚（2020）也指出，替代性怀旧可以被遗产对象如美食文化、非遗文化、地方历史、建筑遗存等事物唤起。

2.2.6 替代性怀旧的研究评述

学者 Appadurai 首次系统性总结了替代性怀旧的概念、场景与适用性，对于本研究的纵深有着相当重要的启发，也是当代文化消费的重要理论成果。1996 年，Appadurai 在其著作《消失的现代性》中着眼资本主义商品文化下的消费逻辑，对流行与消费展开了批判性思考，并将其延伸到当代怀旧情怀在通俗文化如时尚产业与流行文化的生产（Appadurai，1996）。他发现，音乐电影、传统电影、纪录片等都可以透过器物、化装、场景、语言腔调等创造出仿古的怀旧气息。而这些高度灵活又庞杂的种种设计，汇聚成不断增长扩张且变形的符号系。追本溯源地看，自 20 世纪 90 年代以来的商品与文化消费循环，乍看在材料演进的加持下不断展现簇新利落的未来感，实质上却陷入向历史取经、反复操作往昔时尚风潮的固定模式（You 等，2021）。因此，尽管当代消费者从未见证创新，但消费者早已嵌入了当下与重新包装之间往复循环。正如学者 Oh 和 Kim（2020）所言："现在就在买，并非因为不买就落后了，而是因为你身处的时期很快就要落伍了。"美国心理学家 Davis（1979）将替代性怀旧划分为三个程度，由浅入深的依次为简单怀旧、反思怀旧和解释怀旧。简单怀旧，即过去的日子比现在更好，单纯地感受到昔日时光的美好和对过往的憧憬。反思怀旧，是面向怀旧情感、内容、目的的针对性思考。呈现对内容进行有意识的思考。第三个程度是解释怀旧，是对替代性怀旧的来源、意义、要素特点等内容做出阐释，就替代性怀旧的成因和对个体的影响给出观点。追本溯源地看，既有成果和实践结果更多的是对简单怀旧的总结和凝练，以反思怀旧和解释怀旧为代表的深层次替代性怀旧研究亟待进一步加强。

一个显著的趋势是，学界就替代性怀旧的批判性思考不断纵深，形成了现阶段理论与实践的融合性成果。从理论演进观之，Appadurai（1996）、Cheung 等（2013）将怀旧中的集体怀旧原型样态进一步区分，析出了替代性怀旧的概念。消费由浏览想象的历史来推动，重复越来越基于时间本身的拟象而定。消费不只透过周期性来创造时间，还替代怀旧的作用创造出各个时期的拟象，它们构成了时间之流，人们则设想它们是失落的、不存在的或遥远的（Rotman，2017；薛承鑫，2022）。Holak 等（2007）与 Marchegiani 和

Phau（2010）的实证研究鲜明地指出，替代性怀旧的维度是由直接与间接、个体与集体两组相对独立的维度组成。两两组合后，会产生四种形式的替代性怀旧。

就实践中观之，重复创造怀旧，怀旧催生消费。某种意义上，今日所有的"新"，无非是重新包装的"旧"，反复消费现代主义流行美学所奠定的文化商品，成为拟象的拟象、消费的消费（梁璐，2020）。在商品生产、影视制作、美学设计、旅游消费等领域中，替代性怀旧持续涌现（刘贻红等，2024）。无论是 20 世纪 70 年代的经典电影、20 世纪 80 年代宅文化，抑或横跨整个世纪全球通俗文化中各式经典的生活场景，都精准呼应了 Appadurai 就替代性怀旧的场景定义：故事主人翁未曾亲身经历过的场景或情境，针对大部分观众的由想象建构的怀旧情境；然而包括故事人物以及消费者在内，他们与场景和情境的关系不仅局限于虚幻维度。贺小荣（2023）在对长沙文和友的研究中发现，餐厅营造的历史场景大体上与到访的消费者没有实质的关联。一方面，文和友 20 世纪 80 年代的布景不仅外地客人鲜有到访，连长沙本土消费者亦很少有过体验经历。大部分的消费者将怀旧场景和情境当作符号来消费。其实践路径类似于参照好莱坞影视作品 *Ready Player One*，通过虚拟现实技术与混合现实技术，为当下主流消费群体——年轻群体创造了各种不曾经历过、却又流露浓浓怀旧氛围的场景。由此可见，怀旧餐厅的产品与服务具有鲜明的时代标志。与传统意义上的美食消费有着较大不同的是，怀旧餐厅场景化的消费体验，调动了集视觉、听觉、味觉、嗅觉在内的全感官美食消费体验，为消费者重拾了记忆深处的联想（温韬等，2023）。那么，从青年消费者的感知体验切入，研究餐饮空间中各要素供需与怀旧场景的互动状态，兼具理论意义和实践价值。

2.3 重购意愿

2.3.1 重购意愿的定义与影响因素

在消费者行为学领域，产生消费行为的个体就重购意愿来说，个人主观色彩强烈，这一意愿根植于将实际与预期对比，具体对比其所购买的产品本身和购买过程中享受到的服务，仍然决定再次购买的倾向（Valarie 等，1996）。既往对消费者重购意愿的研究，主要从客户关系的角度，对潜在驱动因素进行调查分析。借鉴 Han 和 Hyun（2015）对旅游目的地的实证分析，发现，吸引回头客可以使目的地更具成本效益，比吸引新客户的利润高出约五倍。Zhou 等（2009）经研究揭示出，消费者在亲历产品或服务的优质体验之后，所萌生的再次选购该商品或服务的倾向，被学术界界定为重购意愿。深入解析此概念，不难发现服务质量作为关键因素，在激发并强化消费者的重购行为意向中扮演着至关重要的角色。消费者对商家和产品的信任度、满意度取决于服务感知较为普遍。Bijmolt 等（2014）经过深入研究发现，消费者的投诉行为及随后的服务补救措施对其重购意愿产生了显著影响。在聚焦网络购物环境下消费者重购意愿的专项考察中，一个引人注目的发现是：当消费者因购物经历而遭遇负面体验，并发生抱怨行为时，相较于那些无理由投诉或虽感不满却未表达抱怨的群体，此类消费者的重购意愿反而更为强烈。Gorji（2020）的研究进一步拓宽了视野，明确指出产品质量与价格公平性在调节消费者购买意愿方面发挥着不可忽视的作用。Antwi（2021）则聚焦价格水平的更深层次作用，特别是其在消费者购买决策中的中介效应。消费者对品牌的信任程度、对品牌的忠诚承诺以及对产品或服务的满意度，共同塑造了他们对价格的接受度。此外，消费者的信任和满意度是驱动他们重复购买意愿的关键因素。Miao（2022）采用结构方程建模方法，感知价值在客户重购意愿、满意度和口碑传播方面发挥着显著的正面作用。客户满意度不仅能够显著提升口碑，还能有效增强消费者的重购意愿。此外，价格敏感度和积极的口碑反馈同样对消费者的重购决策产生了显著的正面影响。

　　迄今为止，国内外学术界对消费者重购意愿的探讨已广泛展开，其研究视角多集中于消费者品牌信任的构建以及商家服务补救策略的有效性上。Reham（2016）在其模型研究中另辟蹊径，其在深入剖析后指出，商家所展现的深厚品牌知识不仅加深了消费者对品牌的认知与理解，同时，丰富而多维的品牌体验则进一步强化了消费者对品牌的情感联结、重构意愿与忠诚度。研究揭示了品牌偏好的形成过程，以及消费者在做出重购决定时所考虑的多维度因素。在服务补救领域，消费者重购意愿的驱动因素主要包括在线评论的特征、服务补救的属性，以及服务补救策略的有效性。这些因素共同作用于消费者的心理和行为，进而影响到他们是否会选择再次购买同一品牌的产品或服务。戚方丽（2023）通过对网络消费者在线评论中评价词的分析发现，消费者评论的特征，包括评论的数量、可信度和质量是影响消费者做出重购决定的关键因素。数量众多的正面评论可以显著提升消费者的购买信心，而评论的高可信度和高质量则进一步增强了消费者对品牌的信任和满意度。Luo

（2017）探讨了电子商务领域中的服务补救问题，创新性地将消费者的购买意愿与质量关联，并以互通交互的过程进行了四个维度量化，即过程质量、环境质量、交互质量和补偿质量。对这些维度进行详尽的分析，可评估它们对消费者重购意愿的独立影响，揭示了不同关系强度如何影响服务补救质量与消费者重购意愿之间的关系。Li 等（2024）的研究中发现，环境氛围与消费者满意度之间存在正相关关系，这种满意度的提升能够进一步促进消费者的后续购买行为意向。Yoo（2018）的研究中进一步指出，服务失败度、消费者感知公平、是否达到消费者对补救措施的期望，上述维度发挥着至关重要的作用，显著地塑造了消费者对服务补救的满意程度和效果。Ji 等（2021）的最新研究进一步阐明了功能质量、品牌情感倾向以及在线口碑效应作为直接且强有力的因素。通过对重购意愿影响因素的文献回顾，发现既有学研为理解促进重购意愿奠定了坚实的基础，但仍存在一些研究空白。多数研究视域集中于中观或宏观层面，大量学术成果集中讨论了消费者与目的地之间的情感联结关系，即为何消费者倾向访问能够获得幸福感（或称为感受到有趣）的目的地，但从以消费空间为代表的微观视角切入探究如何吸引消费者，仍然缺乏清晰的认识（Vada 等，2019）。因此，本书从消费者感知效用最大化的角度出发，综合 Kwon 和 Lee（2020）等学者的成果，推导出青年消费者重购意愿的定义，即该群体的重购意味着他们同时获得了基础效用满足（饱腹、温暖、睡眠）和情绪体验价值。同时，研究还将青年群体的重购意愿定义为一种从享乐情绪到个人成长和意义实现的综合体验。

2.3.2 怀旧消费决策

Muehling 和 Sprott（2004）的研究揭示，将怀旧元素嵌入广告之中能够作用于消费者的观念及行为取向。这种由广告激发的怀旧情绪，无论直接还是间接，都会对受众、对广告及品牌的态度产生影响，并进一步波及他们对富含怀旧元素商品的购买意向，间接证明了怀旧情绪与购买决策间存在某种联系。消费者基于其固有的个人怀旧偏好，当遭遇怀旧风格的广告刺激时，更可能采取怀旧导向的消费行为（Kunze 和 Boehm，2015）。张鹏等（2024）研究指出，怀旧广告通过展示特定场景、图像或人物等，能有效提升观者的怀旧感受。在这种外在诱因的作用下形成的怀旧强度会影响到消费者的信任感、情感依附及承诺程度。综合来看，上述诱因均会左右消费购买决策。

在探讨怀旧购买行为决策机制的学术领域中，普遍认同怀旧情感蕴含着对往昔理想化状态的深切向往。这一情感倾向在实际购物过程中显著体现为情感驱动的特性，深刻影响着消费者对那些能够触动怀旧情感共鸣的商品的偏好程度。基于既往怀旧消费研究的系统梳理与整合，Sierra 等创造性地构建了社会认同理论框架下的二元过程模型，该模型以"历史态度倾向"与"往昔憧憬"为两大前置变量，深入剖析了它们如何协同作用于消费者的购买倾向。研究结果表明，这两项变量均展现出对消费者购买怀旧产品意愿的显著且积极的促进作用，揭示了怀旧情感在引导消费行为中的复杂而有力的角色（图 2-2）。

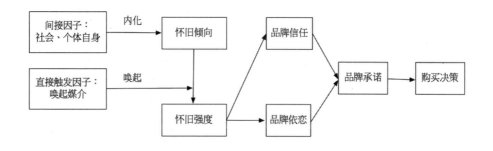

图 2-2　怀旧消费的影响要素分析框架

　　基于现有研究成果的深入分析，国内学者卓素燕（2011）巧妙地将怀旧消费行为划分为内生驱动型与外源激发型两大类别。内生驱动型怀旧消费根植于消费者内在的心理与生理特质，是这些内在因素自发唤起的怀旧情感驱动其进行相关消费行为。此类消费行为紧密关联于消费者的个性特征、心理状态及生理反应。相对地，外源激发型怀旧消费则是由外部环境中的有形或无形元素所触发的，这些外部刺激物以多样化的形式作用于消费者，激发其怀旧情感，进而引导消费行为。不同消费者因心理与生理差异，对怀旧刺激的回应各不相同，展现出丰富多彩的怀旧消费行为模式（卓素燕，2011；孙明贵、郭彦，2016）。进一步地，卓素燕在 Frank Kardes 的消费者行为理论模型及相关理论框架下，将怀旧消费行为解构为怀旧情感酝酿、怀旧认知构建及怀旧行为实施三个递进阶段。曾莉等（2020）强调，情感作为直接驱动人类心理活动与行为的内在动机，同样深刻影响着消费者的消费意愿。秦兆祥等（2024）则指出，在商业销售领域，怀旧元素被企业巧妙运用为外部刺激手段，旨在唤醒消费者的怀旧情感或记忆，通过寻找共鸣的记忆符号，激发其购买欲望。这一过程始于触发与消费者紧密相关的愉悦记忆片段，促使怀旧情感在消费者心中悄然萌芽，即进入怀旧情感酝酿阶段（卓素燕，2011）。怀旧消费行为的形成，关键在于个体对过往人、事、物的积极认知评价。在怀旧行为实施阶段，消费者对过去的态度往往与其选购的怀旧产品紧密相连，反映出一种情感与记忆的联结，以及个人价值观与情感体验在消费行为中的深刻体现。Sierra 和 McQuitty（2007）经过实际观察等方法整理得出，想越容易地让人们回忆起过去时期的记忆和产品从而产生强烈购买意愿，需要人们对那一时期越喜爱。研究根据卓素燕（2011）的相关研究成果，将怀旧消费的形成路径以图示形式呈现下方（图 2-3）。

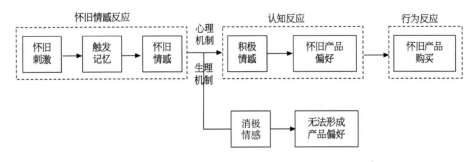

图 2-3 怀旧消费形成路径

综合上述观点，在西方学术界的既往探索中，对于怀旧情感与消费者行为之间的复杂关联，学者们广泛地从情感维度与认知维度两个并行路径进行了深入剖析。具体而言，Holbrook 等（1994）率先解析了消费者对过往时光的情感倾向及怀旧心理如何塑造其长期且稳固的消费偏好，并进一步探讨了这些因素如何微妙地作用于怀旧消费行为。随后，Pascal 等（2019）创新性地引入了怀旧倾向作为关键变量，以量化方式深化了相关研究。Holak 与 Reisenwitz 则将焦点转向了怀旧强度的考量，揭示了其在评估怀旧广告效果中的重要作用。此外，Sierra 等（2012）及王瑶瑶（2021）等，通过构建"对过往的态度"与"对往昔的憧憬"两大分析框架，探讨了它们各自如何驱动消费者对怀旧产品的购买意愿。Vahid（2019）进一步细化研究了分析维度，聚焦情感反应与心理意象强度的双重作用，深入剖析这两大要素如何协同作用于消费者怀旧购买意愿。综上所述，过往关于消费者怀旧心理的研究，核心聚焦情感因素与认知因素两大板块的分立探讨与综合考量。认知层面，研究涵盖了从对过去的喜爱深度、个体怀旧倾向到对怀旧广告及其中品牌态度的多维度解析，直至最终转化为对怀旧产品购买的意愿。情感层面，则聚焦消费者对过往的深切情感以及怀旧情感的强烈程度，两者共同构筑了影响消费者行为的深层心理机制。

2.3.3 美食消费决策

美食消费常置于旅游情境下分析。中国古语中的"穷家富路"一词，形象说明了出行行为可能会改变消费者的行为。王宁（1999）、王宁等（2008）认为旅游者的行为具有二元性（常住地情境和异地情境）。二元性的第一个特征是在旅游状态下，消费者的购买行为具有更强的冲动性，第二个特征是旅游者的行为更趋向真实。上述观点得到了 Gross 和 Brown（2006）、马耀峰等（2023）学者的研究佐证。在美食消费场景中，海外研究内容十分广泛，覆盖消费前、消费中和消费后三个阶段。究其影响因素，Shin 和 Jeong（2022）系统总结了影响美食旅游的旅游者、目的地氛围与餐厅环境三个潜在因素。Chang 等（2018）指出，旅游者的美食消费影响因素众多，餐厅尤其是餐厅的怀旧氛围、在地饮食文化、食物的多样性及用餐服务等因素都会对游客的消费产生明显影响。Kim 等（2013）指出，美食消费的影响因素有内外部之分，内部因素包括旅游经历、旅游特征、人口统计学因素以及对于目的地美食的先验知识。从外部看，目的地美食的文化背景、餐厅的物理环境与社会影响、食物质量等与美食消费息息相关。那么，究竟何种要素对餐饮消费产生影响？以及诸要素的影响程度及机制是如何作用的，是未来研究需要进一步纵深的重要维度。

美食体验场景中，高度怀旧的食物体验更让人熟悉，更与自传相关，更令人兴奋。食物引发的怀旧情绪是一种强大的资源，与其他感官或其他方式引发的怀旧情绪产生许多相同的适应性心理益处（Jeffrey 等，2023）。相比之下，气味诱发的怀旧（Reid 等，2015）和音乐诱发的怀旧都包括负面情绪体验，而食物体验可能会更积极地倾斜，因为人们通常只吃他们期望能提供愉快情绪影响的食物。因此，与其他感官相比，食物引发的怀旧似乎是一种纯粹的积极情绪体验，与舒适的感觉有关。Zhou 等（2022）指出，对极端食物剥夺或饥饿的常见反应是对喜爱的食物和膳食的怀旧遐想，他们提出，怀旧在触发这些心理和生理上的舒适感来对抗不适和危险的感觉方面具有稳态功能。怀旧也与安全感有关，例如，怀旧可能有助于健康衰老。怀旧会带来安全感，因为它能够增强社会联系和自我连续性的感觉，这将抑制违约威胁的反应。个体可能会通过食物、气味或其他感官方式来寻求怀旧体验，以对抗威胁或不适的感觉（Jeffrey 等，2023）。薛承鑫（2022）的研究亦证实了香味能唤起消费者的怀旧记忆，进而影响消费者的情感寻求状态，从而对与感觉寻求特质相关的三种探索性行为倾向（冒险行为、多样化寻求、好奇驱动行为）产生影响。王瑶瑶等（2020）在餐饮环境中进行了实验研究，探究了特定香味和一般香味所引起的怀旧记忆与消费者探索性行为之间的关系。其结果证实了美食香味引发的怀旧记忆首先引起消费者感觉寻求状态的变化，进而对下游的消费者探索性行为产生影响（图 2-4）。

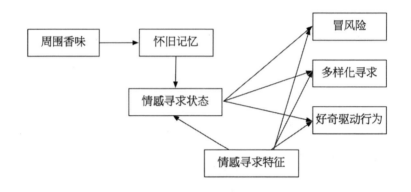

图 2-4 香味激发怀旧消费的理论模型

2.3.4 怀旧餐厅的消费决策

近年来，怀旧餐厅作为美食旅游中的"网红代言人"迅速出道，一批传统工业城市也因美食旅游的兴起实现了产业迭代升级（王佳果等，2021）。以淄博、柳州为例，烧烤和螺蛳粉等单品类餐饮的出圈，加速了目的地服务业供给的各个产业门类的变革，成为新冠疫情后社会经济发展的重要驱动力。与之类似的，文和友、旧城记、大食堂等一批主打怀旧风的沉浸式体验餐厅也创造了足够的关注度。Merchant 和 Rose（2013）的研究率先就怀旧餐厅在旅游发展中的价值进行了陈述。Andriotis 等（2019）则以斯洛文尼亚为例，就酒文化这一旅游资源在当地开发中的特征和地位进行了细致分析。Tanford 和 John（2019）则以实证方法验证了本土老字号餐饮在乡村旅游开发中的正向促进作用，并就传统餐饮的带动效应做了初步测度。随着研究的深入，国外在该领域的研究视角越来越广阔。既有成果纷纷指出，怀旧餐厅和地方美食兼具"符号意义"，在提供旅游者和消费者基本需要的同时更承担着社会文化价值。一个初步的共识是，无论目的地的自然景观禀赋几何，合理设计并利用怀旧餐厅这一载体，均成为旅游目的地推动和催化资源吸引力与竞争力的不二之选。此外，学者们还发现，不同性别、年龄、收入、教育背景与文化背景的消费者在怀旧餐厅场景下存在迥异的消费差异（Robinson 等，2016；Sidali 等，2015）。进一步，Yeoman 等（2023）聚焦女性背包客群体，发现女性背包客一族与欧洲16个主流旅游目的地的老字号大小餐厅之间的互动关系。Wildschut 和 Sedikides（2022a）则从消费者的积极与消极情绪入手，刻画了地方餐饮的感知、体验与认知的互动关系。其研究以定性与定量相结合的方式将场域置于俄罗斯南萨沃地区。

选择怀旧餐厅的动机的探讨是近年来热议的话题。海内外学界的研究成果形成了一定共识，即动机是美食消费活动的内在驱动力。Kim 和 Moon（2009）首次将美食消费活动的动机细分为生理需要、饮食文化追求、感官愉悦三个大类。进一步，Kim 等（2019）学者将三大美食消费动机量化为五大维度（人际交流、文化体验、感官吸引、兴奋快乐及健康考虑）。追本溯源地看，Kim 和 Moon（2009）与 Kim 等（2019）的论述存在相似之处，他们不仅指出了餐饮消费过程的必然性，更体现了在地美食消费中与满意度和重购意愿之间的内在关联。从国别看，代表性文献如 Josiam 等（2004）通过调查印度尼西亚国际旅游者的餐饮消费体验，揭示怀旧餐厅对旅游满意度的影响。无独有偶，Kashyap 和 Bojanic（2000）的研究证明了餐饮消费行为对于整个旅游过程的满意度以及重购意愿有正向影响；Wan 和 Chan（2013）利用访谈法确定了消费者对澳门美食节满意度的影响因素，探讨了满意度对重游意向与推荐意愿之间的正向关联关系。Lai（2020）进一步调查了游客对澳门当地的葡萄牙美食、米其林美食、街边小吃、自助餐四种类型食物的满意度，分析了四种食物满意度对旅游餐饮消费整体满意度的影响；Rlgatti-Luchini（2010）等学者在各种类型的老字号餐厅情境下，就消费者的体验质量、感知价值和满意度对行为意向的影响给出了解释。

2.4 各变量间关系

2.4.1 真实性感知与替代性怀旧

依循前文理论分析，真实性被视为一种能够引发消费者的怀旧情绪的刺激变量。怀旧消费与地域环境紧密相连，它通过地方特色的构建促使消费空间蕴含的意义得到有效展现和实践（Agnew，1987）。就地方建构而言，空间是地理要素的表征，扮演着人地关系的纽带作用。其中，地方感、区位、场域是三个具体要素。杨嵘均与卢晗（2024）认为，消费空间和地方之间存在紧密的立体关系，大体可以归为"在特定的空间与地方消费"以及"消费的空间与地方"两个维度。一般地，消费空间进一步细分为物质空间、精神空间和想象空间等。不过，考虑到想象空间的发散性和量化难度，研究将怀旧消费空间的分析聚焦在物质空间（material space）和情感空间（emotion sensing space）两个维度。

具体而言，物质空间是指消费行为发生的实际环境。在怀旧主题餐厅的情境中，地理位置和现场环境是物质空间构建的关键要素，设计者与经营者是这一空间的主要创造者。而顾客的感知体验，则是构建怀旧餐厅物质空间并赋予其特色的重要基础（Davidson，2004；Oscar 等，2023）。Davidson（2004）还指出，情感与地理空间有着紧密的关联性，是个体与地方之间关系的直观体现。从消费视角观之，消费者是情感空间建构的主体，在空间中的身心交互过程形成了地方依恋、地方认同等一系列地方情感交互，进而赋予了物质空间的地方意义。与之类似的，Agnew（1999）也指出，地方记忆再现的介质是物质空间和情感空间。在地记忆的承载既需要物质空间中的符号学展陈和勾勒，又需要唤醒消费者地方情感、实现情感空间价值的氛围营造（李凡等，2015；费显政，2021c）。进一步阐述，地方记忆的复现本质上依赖于地方的文化记忆，它演变成一种与地方身份构建紧密相关的象征性资本（Oscar 和 Christina，2020）。显然，那些融合了物质空间和情感空间的怀旧场所，经历了一种"修饰"或重新构建的过程，融合了现实与虚构的多重特性。

尽管 Kelley 等（2022）的最新研究发现怀旧会影响真实性，它们彼此之间并不独立。但需要重点指出的是，替代性怀旧并非基于真实的个人经历。例如，一个人可能非常怀念童年时期玩过的一款游戏，但当他再次接触到这个游戏时，如果游戏的质量、画面等方面与记忆中有很大差距，他依然能够客观地认识到其真实性的不足，而不会因为怀旧的情感就认为它是完美无缺的真实。这在梁璐（2020）的文献中得到了实证。又比如，Boym（2010）在其《怀旧的未来》一书中所言，即使一个人对过去的某个地方充满了怀旧之情，但当他再次回到那里，如果环境发生了巨大变化，他也能够清晰地认识到这种变化，而不会因为怀旧就忽视现实中的不真实因素。正因如此，本次研究中的怀旧情感特指替代性怀旧，且通过媒体、文化产品或其他人的叙述来构建。结合研究特征，本次研究紧紧围绕真实性感知对于替代性怀旧的影响展开论述。对餐饮业而言，美食、空间等实体要素是典型的物质空间要素，而综合了服务质量、品牌形象、环境艺术的氛围与文化则是典型的文化空间。综上所述，研究在综合 Agnew（1999）、李凡等（2015）成果的基础上，借鉴 Oscar 和 Christina（2020）学者关于地方文化记忆与地方认同关联的成果，从物质和情感的双重视角将怀旧餐厅的真实性感知界定为文化、氛围与美食三个维度，并引出假设：

假设 1：真实性感知对替代性怀旧有正向促进作用。

假设 1a：文化感知对替代性怀旧有正向促进作用。

假设 1b：氛围感知对替代性怀旧有正向促进作用。

假设 1c：美食感知对替代性怀旧有正向促进作用。

2.4.2 替代性怀旧与情绪

如前所述，随着怀旧研究尤其是替代性怀旧研究的不断纵深，学界就怀旧对象进行了进一步细分，用以解释个体如何唤起不同类型的怀旧情绪。典型代表有德国学者 Halbwachs（1950）与美国学者 Tulving（1984），其系统性地将怀旧凝练为自传体记忆（autobiographical memory）与集体记忆（collective memory）两大理论。依循自传体记忆理论，与个人经历相关的怀旧会引发自身的回忆，这种回忆过程被多次证实与一个人的情景记忆和自我参照思想有关（Neisser，1988；Marchegiani 和 Phau，2010）。因此，与个人叙述相关的怀旧类型统称为个人怀旧（Shin 和 Parker，2017）。然而，替代性怀旧作为集体怀旧的呈现形式之一，并非自传体式的。Halbwachs（1950）以及我国学者高海虹与林益立（2024）指出，替代性怀旧被视为由集体记忆驱动，是一种由历史事件或传统文化所触发的情感。Shin 和 Parker（2017）认为替代性怀旧通常由一个群体或一个社会来学习、分享和构建。不同于自传体式的记忆，替代性怀旧作为一类情绪价值，发生在记忆范围之前或之外的感觉，多通过外因而产生共情（Marchegiani 和 Phau，2010）。旅游学研业已证实，替代性怀旧充斥于游历的各个环节。例如，Cho（2021）揭示了一个有趣且有价值的现象，旅游者可以在旅行的高峰时刻（如从山顶欣赏美丽的风景）体验到预期的怀旧情绪，但当想到第二天恢复日常生活时，则会产生一种失落感。可见，尽管怀旧的情绪可能是负向的、消极的，但怀旧情感依然提供了一种反思，鼓励消费者在游历体验中享受当下。某种程度上，关于怀旧情感的纵深学术研究的价值直观体现在旅行整体评价的提升和重购意愿的启动（Bergs 等，

2020；Chi 和 Chi，2022）。在我国旅游业的实践中，中观层面的目的地运营管理已普遍采用了怀旧情感共鸣的手法。浙江省横店影视城的广州街与老外滩塑景、广东省赤坎古镇的造景、长春这有山商业综合体的观景，无不创新性地以人工方法将新演艺、新购物形态与旧事务场景相结合，将植根于人们集体记忆的生活或经历不断强化。对年轻人而言，尽管他们并未有过民国时期的生活体验，但置身于人为的场景中也可以有效地激发个体的替代性怀旧情绪，产生有意义、幸福、温暖、冷静等情绪状态。上述事实也在 Shi 等（2021）、Shin 和 Jeong（2022）的研究中得到了佐证。

就怀旧情感视角分析，既往研究更多地从怀旧情感的特征着手，将怀旧描述为一种苦乐参半的回忆。典型学者如 Hepper 等（2021）与夏俊莘（2023），他们的研究从不同维度指出外部刺激因素能够引发消费者强烈的怀旧情感反应，呈现了怀旧是对理想化的过去渴望的特征。纵深来看，学者对于怀旧情感的解释存在一定差异。Johnson 等（1989）指出，怀旧是一种包含积极与消极情感的混合情感，具有对过去的憧憬和酸甜两面性。与之相对的，Holbrook（1993a）则认为怀旧更倾向以积极的语调唤起对过去生活的回忆，与负面情感无关。相比之下，Holbrook（1993b）的观点认为，怀旧更多的是以一种正面的基调唤起对过往生活的回忆，并非与负面情绪挂钩。另外，Stern（1992）等则直接将消费者的怀旧看作一种对过往事物的喜爱之情，着重指出长时间累积的情感如何塑造对怀旧物品的偏好。尽管对于怀旧情绪的回应存在多种解读，但是学者们大体上达成共识，即怀旧记忆是经过筛选的，不是对过去单纯无选择的拼接。它经历了一种"玫瑰色眼镜"的过滤过程，整体上趋向保留积极正向的情感内容。人们倾向因积极的过往经历而感到怀旧，而对消极的回忆则倾向回避，因为压抑的过往难以提供心灵的慰藉，最好的处理方式是让其淡出记忆。

餐饮消费与怀旧情感的高关联性是食物体验研究的一种共识。像怀旧一样，人们将食物作为一种资源来应对逆境（李春侠和于善志，2024）。Shen 等（2021）在新冠疫情大流行的早期阶段，探寻了人们在食物中可寻求放松和熟悉感，得出了食物消费的情感特征也与怀旧相似的结论。在对食物体验和食物消费的记忆中，个体报告积极情绪的频率最高，而消极情绪的频率最低，尤其是对自我选择的食物（Desmet 等，2011a；Desmet 等，2011b；Desmet 等，2011c）。一些实证研究发现，在怀旧主题餐厅的环境下，负面情绪似乎并未对怀旧态度造成显著影响。怀旧本质上是一种美化了的情感记忆，它蕴含着自我认同的特质，即使在这样的餐厅场景下，消费者可能会无意中忽视或抑制负面体验，但这并不意味着负面情感完全无力左右消费者对怀旧餐厅的再访意愿或重复消费行为。因此，本研究拓宽了视角，充分考虑了替代性怀旧情境下的正负双向情感作用，重点参考了 2011 年前后 Desmet 的系列学研成果（上文已分析），提出下述假设：

假设 2：替代性怀旧能引起积极情绪和消极情绪。

假设 2a：替代性怀旧能引起积极情绪。

假设 2b：替代性怀旧能引起消极情绪。

2.4.3 情感与重购意愿

依据情绪认知理论，认知活动能够直接诱发行为反应，意指消费者心中对怀旧餐厅的幻想与联想。这可能直接正面提升他们对怀旧对象的评价，并增进购买的意愿。Baumgartner（1992）、Marchegiani 和 Phau（2010）的研究均指出，怀旧元素通过刺激消费者在心理上与产品或品牌关联的丰富想象，间接作用于他们对消费行为及产品的好感度，并进一步影响其购买怀旧产品的意愿。换言之，消费者对怀旧触发物产生的心理想象越是饱满细腻，他们对产品持有的态度就越积极，购买的意愿也越坚定。因此，怀旧激发的这种深层次心理想象，对促成消费者形成积极的产品态度和强化购买决心极为重要（孙明贵与郭彦，2016）。基于此，研究拟提出以下假设：

假设 3：个人情绪最终影响重购意愿。

心理学研究深入剖析了认知领域的一系列内在运作机制，涵盖了表象、感知、认知、学习及记忆等核心过程。在探究消费者行为时，笔者特别关注了怀旧情绪如何通过与特定刺激因素相连的再次体验意愿这一变量，影响其购买决定。广泛的研究文献已明确指出，怀旧情绪与食品消费之间存在紧密的联系。例如，Havlena 和 Holak（1996）的研究利用参与者自制的拼贴画来探索其怀旧倾向和结果显示所有作品无一例外地包含了食品元素，尤其是甜品（比如 M 和 M 巧克力豆等）。Vignolles 和 Picho（2014）的调研从 300 名具有怀旧情结的个体中发现，超过三分之一提及了食品消费，且接近半数的回忆与他们的童年回忆交织在一起。更深层次的分析揭示，那些能唤起美好记忆和正面情感的食品多为高热量类型，如糖果、饼干、蛋糕和果酱。此外，Unger 等（1991）在研究中还观察到，怀旧作为一种市场营销策略，在食品及饮品的广告中频繁出现，进一步印证了情绪在引导消费者怀旧偏好与重复选择中的潜在影响力。综上，研究提出下述假设：

假设 3a：积极情绪正向影响重购意愿。

假设 3b：消极情绪正向影响重购意愿。

2.4.4 替代性怀旧与重购意愿

纵观全球学研，先前研究已经发展出了若干怀旧量表。然而，既有成果鲜有在替代性怀旧情境下就个体的认知与复购展开讨论（Lin，Huang 和 Ho，2020；Han 和 Bai，2022）。许多学者认为，面向过去的认知是怀旧消费的一个不可或缺的维度。比如，Merchant 和 Rose（2013）曾指出，餐厅场景中充斥着的音乐、景观、美食等氛围感更有可能是一种替代性幻想，激发了消费者的重游与复购思考。赵静蓉（2004）指出，今日所有的"新"，无非是重新包装的"旧"，现代主义流行美学所奠定的商品被反复消费。随着商品与文化消费循环，乍看在材料演进的加持下不断展现簇新利落的未来感，实质上却陷入向历史取经、反复操作往昔时尚风潮的固定模式。这也正是越来越多的餐厅在定位、店铺装修以及营销中采用怀旧元素，以刺激消费者怀旧情感的成因溯源。因此，本研究认为，面对能够带来喜爱和向往的美食，怀旧餐厅更容易通过人际交流、打卡拍照和美食沉浸体验等方式激发消费者对历史事件、历史人物和类似情境的怀旧情感。对青年群体而言，其激发的替代性怀旧能够使得怀旧餐厅与消费者之间的黏性不断强化。因此，研究提出下述假设：

假设 4：替代性怀旧正面影响重购意愿。

2.4.5 真实性感知与重购意愿

对于青年消费者而言，怀旧餐厅之所以能激发其复购消费的意愿，真实性感知扮演着十分重要的作用。究其原因，"吃"既是一种个人行为，更是一种社会行为。吃的感官愉悦是主观体验的，但它通常是在群体中进行的。正如 Sedikides 和 Wildschut（2019）所言，社会性是怀旧的核心功能，食物是培养集体和个人身份的核心。某种意义上，食物的选择为个体提供了一个社会认同的管道。怀旧餐厅情境下，除了如音乐、气味等能对真实性感知产生影响之外，食物引发的怀旧对个人来说也可能构成更复杂的体验。Buzova 等（2021）发现，当游客除了视觉内容（例如，看到的建筑）之外，味觉和嗅觉相结合的感知（如品尝西班牙火腿、参观市场上展示的香料），也是其旅行回忆中最重要的主题之一。追本溯源地看，国内外学者多由客观真实性与主观真实性这两种观点来阐释。前文已述，Mac Cannell（1973）认为真实性是可以经由测量评估的。参考其标准，旅行观光中的艺术品、美食、民俗都可以以真实或是不真实进行量化。Reisinger 和 Steiner（2006）认为真实性是以看得见的物体为基础，可以根据某些标准来衡量，真实与否是经专家评定。Nunes 等（2021）认为真实性并不是消费场景中的真正财产或可触及的资产，而是来自消费者的评论或评价。由此申言之，真实性是旅游者信仰、期待、偏好以及刻板印象的透射。Cohen（1988）、Alvesson 和 Einola（2021）认为真实性是一组相对的、富有弹性的概念，取决于游客所追求的体验形式。即使最初不是真实的，但随着时间流逝，游客也逐渐认为是真实的。近两年，学者 Gottfredson 等（2020）、Nguyen 等（2022）认为真实性除了以观光对象为主体之外，也包含活动过程与消费者的知觉与感受。由此，研究在怀旧餐厅的消费情境下，可将真实性感知与重购意愿之间的关系设定为：

假设 5：真实性感知对重购意愿存在正向作用且通过中介效应传导。

假设 5a：真实性感知对重购意愿通过替代性怀旧和积极情绪的双重传导。

假设 5b：真实性感知对重购意愿通过替代性怀旧和消极情绪的双重传导。

假设 5c：真实性感知对重购意愿通过替代性怀旧传导。

2.4.6 文化距离与重购意愿

怀旧餐厅多以在地性示人。怀旧餐厅营造的场景大多是区域文化、民族文化、社会价值观特征的缩影。Kogut 和 Singh（1988）提出的文化距离概念，涉及的是不同文化群体间在文化规范及实践活动上的区别程度。这种由于地理空间分离所产生的差异，可能构成不同文化群体相互之间沟通、交流及知识传递的壁垒。Chang 等（2018）指出，文化距离会阻碍消费者的怀旧情感，增加交流负担和经营风险。我国学者黎耀奇等（2023）也指出，文化距离会增加研发创新活动的成本，阻碍知识的吸收和转化。Petsko 和 Rosette（2023）的研究发现，团队成员间较大的文化差异源自不同的价值观和社会习惯，这可能导致沟通障碍乃至冲突频发，这些都不利于企业的创新进程，可能对之产生不利影响。鉴于上述文化距离在组织行为中的实证结果，本研究认为地理距离是文化距离形成的重要诱因。并且文化距离是怀旧餐厅营造的集成体现和核心吸引物。由此提出下述假设：

假设 6：文化距离在真实性感知对替代性怀旧的影响中起负向调节作用。

2.4.7 探新求异与重购意愿

消费者因出行目的和消费的异同，会对其感受到的目的地真实性产生不同影响。具体来说，那些出于探索新奇目的旅行的人们，往往更加重视历史文化区域所展现的实物真实性（高璟等，2017）。相比之下，以社交为目的的消费者，则更加看重旅游地点所能提供的体验或情境的真实性，即在场的真实感（Goulding，2000）。Cohen（2004）、王亚力等（2018）指出，探新求异集中体现了真实性感知和消费动机之间的关联，并且探新求异的感知程度会随着不同动机的变化而有所不同。Hendrik 等（2023）则发现消费者对真实特征的宽度的满意程度取决于个体游客渴望的体验深度。由此推导可得：探新求异行为通过影响怀旧情绪，从而对旅游者的重游决策产生影响（高海霞等，2018；Hendrik 等，2023）。一方面，探新求异行为可能对怀旧情绪产生正向或负向的影响（张宏梅，2006；张涛，2012；Harris 等，2019）。另一方面，当旅游者的探新求异行为与旅游目的地的特性相似时，探新求异行为对于重游和复购行为具有显著的正向影响（Spada 等，2023；Kranzbühler 和 Schifferstein，2023；黎耀奇等，2023）。参考 Waller 和 Lea（1998）根据 Fodness 的动机量表进行改良后的实证结果，探新求异会对真实性和愉悦感起到调节作用。因此，研究提出如下假设：

假设 7：探新求异在真实性感知对替代性怀旧的影响中起正向调节作用。

2.5 模型提出

假设 1：真实性感知对替代性怀旧有正向促进作用。
假设 1a：文化感知对替代性怀旧有正向促进作用。
假设 1b：氛围感知对替代性怀旧有正向促进作用。
假设 1c：美食感知对替代性怀旧有正向促进作用。
假设 2：替代性怀旧能引起积极情绪和消极情绪。
假设 2a：替代性怀旧能引起积极情绪。
假设 2b：替代性怀旧能引起消极情绪。
假设 3：个人情绪最终影响重购意愿。
假设 3a：消极情绪正向影响重购意愿。
假设 3b：积极情绪正向影响重购意愿。
假设 4：替代性怀旧正向影响重购意愿。

假设 5：真实性感知对重购意愿通过中介效应传导。

假设 5a：真实性感知对重购意愿通过替代性怀旧传导。

假设 5b：真实性感知对重购意愿作用通过替代性怀旧和积极情绪的双重传导。

假设 5c：真实性感知对重购意愿作用通过替代性怀旧和消极情绪的双重传导。

假设 6：文化距离在真实性感知对替代性怀旧的影响中起负向调节作用。

假设 7：探新求异在真实性感知对替代性怀旧的影响中起正向调节作用。

根据上述的假设推理，结合文献综述及理论基础，研究具体流程可以分为刺激—认知—情感—行为 4 个环节。将认知评价理论中的刺激对应为青年消费群体在文和友的真实性感知体验，包括氛围感知、美食感知和文化感知。超级文和友综合餐饮空间从建筑布局、装潢、摆件等全方位营造的怀旧气息烘托下，消费者仿佛置身于 20 世纪七八十年代的长沙市井街头，从而激发年轻消费群体的怀旧情感。本研究将该群体的怀旧情感定义为替代性怀旧。将因刺激和自我认知作用下而形成的机体内在的情感反应对应为青年消费群体的消极情绪和积极情绪，将情感反应产生的行动对应为复购的行为意向。通过上述流程化手段来量化研究青年消费群体的真实性感知、替代性怀旧情感与重购意愿之间是否存在相互关系以及影响程度。综上，研究模型如图 2-5 所示。

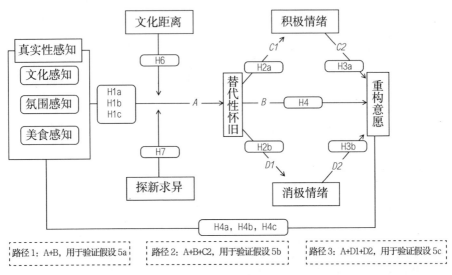

图 2-5　研究模型

2.6 本章小结

本章紧紧围绕研究问题展开文献综述，依次梳理了美食消费与美食旅游、真实性感知、怀旧情感、替代性怀旧、怀旧与重购等关键字之间的研究成果，为理解研究变量并理顺变量之间的相关关系提供了理论基础保障和方向性指导。在对研究现状的深层次比较中发现：

一是中国文化背景下的怀旧消费亟待深入。在回顾消费者怀旧研究的现状后，可以看到尽管西方学术界在实证研究上取得了一定的进步，消费者怀旧依旧是一个处于成长初期的研究议题，其成果较为零散，尚未凝练成一个完整的理论体系。当前西方的研究重点主要落在三个方面：界定消费者怀旧的概念本质、探究触发怀旧情感的具体因素，以及分析怀旧情绪如何影响消费者的偏好与购买决定。不过，从理论的深度来看，针对消费空间内各组成要素与怀旧情境之间动态交互作用及其内在机制的实证探究尚显匮乏。此外，研究者们也开始借助全球化与本土化视角探讨怀旧消费空间的构建机制、符号意义的生成、价值创造的过程以及消费者的主观体验。然而，对于怀旧消费场景的实际布局操作策略，尤其是在微观层面的经营实践及消费者感知方面的研究仍显不足。这意味着，在对中国青年消费者的怀旧消费缺乏理解的背景下，直接套用西方研究成果去理解文和友一类的怀旧餐厅"热潮"并不完全合适。

二是替代性怀旧的量化实证有待加强。当下，消费者怀旧行为研究主要集中在西方国家，面向中国情境的研究相对有限。纵观近 20 年我国学研进程，其成果主要集中在消费者怀旧行为的影响因素、量表开发以及结合西方研究成果构建理论模型等方面。大部分实证研究缺乏结合中介变量和调节变量对影响效应的分析，更加深入的微观消费空间实证研究更是少见。如何兼顾东西方之间、异地游客与在地消费者之间客观存在的文化距离，如何识别青年一代消费群体探新求异动机对怀旧情感的多元性感知，目前已有的"感知—怀旧情感—复购行为"研究尚不能精准回答。一个可能的解释是，既有研究中对"怀旧"的概念和测量方法的不一致。Lee 等（2020）、Su 等（2020）指出，怀旧是一种来自实时感官体验的愉悦和享受的积极体验。而 Kwon 和 Lee（2020）的研究则发现旅游情境下的怀旧内涵则可能延展至旅行后对生活的感知。因此，综合 Kwon 和 Lee（2020）等的研究成果不难推导出怀旧餐厅情境下，消费者重购行为意味着他们同时获得了美食效用和体验价值。那么，如何从享乐情绪和个人成长等综合体验视角对中国青年群体的替代性怀旧进行量表开发，亟待深入。

三是既有研究大多侧重于背景、场景和怀旧规模的解析，并没有区分怀旧的类型，有关替代性怀旧的实证研究少之又少。现实中，替代性怀旧是一个有趣且值得深入分析的话题。以文和友、旧城记、大食堂为代表，近些年主打怀旧风的沉浸式体验餐厅能吸引年轻群体"趋之若鹜"式的打卡。但是，这之中的许多消费者并未有过场景营造环境中的生活经历。那么，在美食消费体验日趋沉浸式的背景下，如何有效开发一个测量量表，使得学界更为前瞻性地理解"他人的回忆"，充分启动消费群体的"欲望"，亟待精准洞察特定消费群体特征。

四是怀旧对行为决策的影响机理尚待明晰。总结现有文献与研究成果，核心议题多聚焦消费者怀旧情绪的作用及其产生的效应，而对于怀旧情绪在驱动购买意愿及形塑消费者行为决策过程中的深入机制探讨，则显得较为薄弱。此外，现有的研究倾向片面强调消费者亲身经历的怀旧感受，忽略了对消费者通过其他媒介或途径间接获得的怀旧体验的探索，这一维度的研究尚存空白。实质上，既有成果已经发现到访怀旧餐厅的消费者情感波动是复杂多元的。他们既可以感到快乐、感激、温暖、鼓舞和伤感，也会在一次经历中感到抑郁、焦虑、悲伤、烦恼和失落。那么，如何从心理认知这一深层次维度来解析怀旧体验的混合情感特征，进而明晰怀旧情感影响行为决策的机制过程，内容是本研究需要着力攻关的内容。

第三章
研究设计与方法

　　本章将具体而微地阐释青年群体的怀旧情感传导以及重购意愿形成，并就案例地选取的原因进行陈述。研究依托大学图书馆丰富的馆藏资源，参考了知网中优秀硕、博士学位论文数据库的数据，着重对青年群体的怀旧消费和具体诱因展开检索，系统整理怀旧理论、怀旧分类和美食消费的现状，掌握青年群体在怀旧餐厅中的消费总体趋势。进一步，研究结合中国情境，就长沙文和友作为研究场域的可行性并开展了论证。研究在外审专家、本单位学者和博士生导师的联合帮助下制订了实施计划。此外，研究通过前测设计和预调研确保了问卷量表，使得量化实证研究的开展是有效和客观的。调研期间，研究利用工作单位与长沙市文化和旅游局的战略合作关系，以官方合作的方式，在长沙文化和旅游局工作人员的协助下完成了基础工作，如找到文和友创始人、美食研究策划领军（关键）人物，深入了解信息。

3.1 案例地

　　就城市选择上，研究选定长沙的原因主要有两个方面。一是长沙系国内新晋网红城市，拥有较多的游客量。公开数据显示，仅 2024 年春节期间，长沙市接待旅游人数 278.94 万人次，同比增长 109.25%，实现旅游收入 29.69 亿元，同比增长 93%。二是长沙美食氛围浓郁。新冠疫情期间，长沙是中国大陆获得餐饮经济增速超过全国水平的大型城市之一。在"90 后""00 后"为主力的青年消费人群中，美食是他们来长沙提及最多的体验形式，品尝美食业已成为长沙生活必不可少的项目。

研究选择文和友的原因，主要有以下三个。

一是典型性。餐厅作为一个集合体，是符号生产、消费和传播的文化场域。Dean（2008）指出，餐厅在社会、物质和精神层面滋养着经济发展。某种程度上，作为文化产品创造和再生产场所，餐厅对一个街区、一座城市、一个旅游目的地的文化传播和融合具有影响力。怀旧餐厅承担着创造和建构地方意义的任务，作为人与地方、人与历史情感交织的时空综合体，具有研究典型性（刘彬等，2023）。

二是合理性。全球城市化的加速使得文化价值愈加凸显，消费空间呈现的多样性和在地文化变得越来越重要。"全球—地方"的角度来看，长沙超级文和友通过各类场景的组合运用，巧妙地将全球化和地方特色相结合。它不仅是一个用餐空间，更是一个文化溢价与增值平台。在这里，消费者在享受美食的同时，也能感受到强烈的怀旧情感。换句话说，各类怀旧元素以一种独特的方式与长沙本土文化相结合，形成了一种附加值。可见，选取文和友作为研究场景不仅有助于更好地理解消费空间的构建机制，还可以顺理成章地推导出怀旧餐厅如何影响消费者的感知与重购意愿。

三是样本丰富性。如前所述，以怀旧消费空间为代表的微观场域是学研中值得深入的议题。纵深地看，不同主体对怀旧消费空间的感知内容和差异也应顺理成章地成为一个细分领域。例如，不同年龄段和不同文化背景的消费者可能对同一空间有不同的感知和理解。作为国内最大体量的怀旧美食体验空间之一，文和友为研究开展提供了丰富的抽样样本库。研究透过聚焦访文和友的青年消费群体，从替代性怀旧视角对比和分析消费行为，可以更加精准地反映怀旧消费空间的多元性和包容性，为经营上的投入产出提供实证支撑。图 3-1 为长沙文和友局部展示。

图 3-1　长沙文和友局部展示

3.2 问卷设计

3.2.1 整体思路

尽管本研究的部分量表已公开应用，其信度和效度已历经多次实证检验，不过在中国情境下开展怀旧餐厅研究还处于新兴领域。在借鉴现有量表过程中，研究遵循如下两原则：一是尽可能选择美食怀旧领域相关度较高的文献中出现的量表或问项；二是尽可能选择被验证的、信效度值较高且被应用较为广泛的经典量表。

相较于西方研究情境，本研究的研究对象以及研究场域还存在较大的差异性。考虑到同一概念的量表在不同情境下的适用性可能存在不一致，为了使本研究编制的量表具有更好的适配性，研究借鉴相对成熟的量化实证步骤，先设计前测环节问项的具体表述方式，再做出调整，进而形成研究的预调研问卷。

3.2.2 前测设计

若是对一个全新领域开展研究，营销与社会学研究的惯常做法是在大范围定量研究之前进行小规模前测研究。其目的是挖掘议题涵盖的构念，并借此发展初步的理论框架（苏宇晖与罗凯扬，2021）。与问卷编写完成之后的预调研不同的是，前测探索是对整个领域进行初步的了解。若前测设计验证了研究内容不存在偏误，就可以开启预调研的量表设计。因此，研究借鉴营销学的惯常做法，向到过长沙文和友海信店的消费者开展前测工作，目的是为调查问卷问项的选取以及具体表述提供依据。

研究从青年群体到访文和友餐厅时所经历的真实性感知及随后做出的行为动作的视角考虑构面的建构。参照并借鉴既往学研成果，从感知维度、替代性怀旧维度、情绪维度、重购意愿维度等9个方面切入，其内容主要涉及以下10个问题：

问题1：您这是第几次到文和友海信店，总体有什么感觉？

问题2：您认为文和友海信店整体氛围怎么样？菜品怎么样？是否感受到其传递的文化意蕴？

上述两个问题参考了武传表等（2018）、李凡等（2015）、尚薇（2022）、梁璐等（2020）的研究成果，重点了解受访者对长沙文和友的感知，包括整体感知、氛围感知、文化感知和美食感知。

问题3：您认为文和友海信店用餐整个过程是否让你有一种怀旧的体验，或者说是回到小时候的感觉？

上述一个问题借鉴Oscar和Christina（2020）、Merchant和Rose（2013）、Hepper等（2021）等学者的研究成果，了解受访者对自身的怀旧程度的评价。

问题4：您认为自己从小生长的环境与长沙差距大吗？

问题5：您认为自己是一个喜欢探新求异的人吗？

上述两个问题借鉴Merchant和Ford（2008）、黎耀奇等（2023）学者的研究成果，了解受访者体验文和友餐厅后对不同文化体验和探新求异的评价。

问题6：当您一进入这样的餐厅，从情绪上看，您有什么感受？如高兴、激动、舒心等正向清晰？抑或悲伤、难过、不愉快的负向情绪？

问题7：假如对您目前正面情绪评分，1~10分范围，1分表示正面情绪得分最低，10分表示正面情绪得分最高，您认为处于文和友海信店这种怀旧氛围下，您目前正面情绪打几分？

问题8：假如对您目前负面情绪评分，1~10分范围，1分表示负面情绪得分最低，10分表示负面情绪最高，您认为处于文和友海信店这种怀旧氛围下，您目前负面情绪打几分？

上述三个问题借鉴了Oscar和Christina（2020）、Garrido（2018）、Merchant and Rose（2013）的研究成果，重点了解受访者文和友海信广场店的情绪感受。

问题9：您喜欢文和友海信店吗？

问题10：您还会再一次到访文和友海信店吗？

上述两个问题借鉴吴莹洁（2018）、Oscar和Christina（2020）、黎耀奇等（2023）的研究成果，了解受访者在体验文和友后的重购意愿。

　　笔者于 2023 年 1 月 26~28 日开展前测研究工作。26 日与 27 日为新春佳节的法定假期，长沙文和友海信广场店在此期间拥有丰富的人流量，且受访对象在假期中有充足的时间接受咨询。28 日为工作日，因为满足提前预约的两位受访对象不愿牺牲自己的周末时光参与调研工作。整体上，研究的前测恪守学术伦理道德，以一对一匿名形式进行，时间控制在 20 分钟内。事先选取了 18~34 周岁的青年消费群体并与受访者约定好时间及地点，明确告知前测的目的及大概所需的时间，让受访者事先做好心理准备，整个过程地点选取文和友海信广场店入口处的等候区与海信广场星巴克门店。在过程中，对于受访者不能很好理解或存在疑惑的地方采取现场解释形式陈述。此外，对于受访者在过程中提出的其他问题研究也一一记录在册。整个过程进行了全程录音以便后续数据整理。前测结束后，根据本研究的变量设置及定义，对所记录信息进行了梳理和归纳，将内容与研究理论进行对应分析。本次前测累计受访对象为 12 人。其中，1 人由于中途有事提前离开并未获得完整信息，其余 11 人完成全部访问，个人脱敏信息详见表 3-1。

表 3-1　前测受访者个人信息一览

编号	年龄	性别	职业
1	23 岁	男	硕士研究生在读
2	22 岁	男	待业
3	26 岁	女	前台销售
4	30 岁	女	公务员
5	28 岁	男	景观设计师
6	19 岁	女	大学生
7	30 岁	女	全职妈妈
8	27 岁	男	餐饮业者
9	26 岁	男	教师
10	32 岁	女	医生
11	29 岁	女	自由职业者

图表来源：研究根据前测参与人员整理所得。

　　结果显示了前测设计有效地厘清了议题中的构念。探索出的文化感知、氛围感知、美食菜品关注与落差感、积极情绪与消极情绪产生，以及乐于复购与愿意推荐分享给他人等关键信息，为研究量化实证各个变量之间的关系给出了明晰的路径指引。具体来看，前测中的 11 位受访者进入文和友海信店的第一反应是惊艳，大多感叹文和友海信店的规模大、客人多。结合问题 1 和问题 2，大部分受访者认为文和友海信店很有文化气息，复原了 20 世纪七八十年代长沙的老街区风貌。受访者认为，除了体验美食之外，到访文和友后还收获了文化知识，认为到访文和友怀旧餐厅具有强烈的现实教育意义。这是长沙文和友海信广场店为消费者带来的最强烈的文化感知。同时，对于怀旧餐厅提供的额外服务包括讲解、表演、互动、观光缆车等，受访者均表示喜欢。绝大部分受访者认为在文和友怀旧餐厅中既能体验美食更能享受文娱体验的快乐。在氛围感知方面，受访者对餐厅灯光应用、建筑设计较为满意，认为其怀旧设计能很好地烘托氛围，体现怀旧情感的主旨与意涵。受访者认为餐厅整体服务较为到位，环境较为整洁，无异味。对菜品评价上，总体为"较为满意、不差、新鲜可口"，但称不上惊艳。细究其原因，可能是因为文和友作为全国知名的网红怀旧餐厅，慕名前来的消费者对其期望较高，无形中拉高了菜品的期望值。对于问题 3，受访者普遍认为有一种身临其境的感受。文和友餐厅能够以复现 20 世纪七八十年代长沙的市井气息为抓手，让人感到纯真和简单，仿佛回到孩童时代。对于问题 4，11 位受访者中 5 人来自长沙本地，3 人来自长沙周边地区，3 人来自外省。绝大部分受访者对餐厅复古风格所体现的文化内涵表示能接受，较为熟悉。从饮食习惯上，湖南本省人表示喜欢吃辣，其中一位外省人表示不能接受太辣的菜品。从问题 5 分析，7 个受访者认为自己喜欢追求新鲜事物，认为探新求异是一件令人开心的事情；3 位受访者表示不排斥新鲜事物，但需要花时间适应；1 位受访者表示更倾向接受习惯性事物。对于问题 6、7、8，不同受访者表达了不同观点。从正面情绪分析，受访者能感受到高兴、满意、暖心、内心平静等感受。在正面情绪评分方面，大多集中在 5~7 分，平均分为 6.2。从负面的情绪分析，受访者能感受到悲伤的、沮丧的、略微难受、失落等感受。负面情绪评分上，大多集中在 2~5 分，平均分为 3.6。综合结果比较分析看，文和友餐厅的体验能够有效激发受访者的内心情感，且受访者的正面情绪多于负面情绪。对于问题 9、10，大部分受访者表示不虚此行，喜欢这里的氛围和美食，受访者纷纷表示有机会将再度前来，并乐于将怀旧餐厅推荐给朋友。

3.2.3 初始问卷的形成

结合上文题项推导，研究中的问卷内容由成熟量表借鉴与前测研究结果共同组合而成。为确保问卷的合理性与可靠性，研究应执行预调研以便对问卷进行验证。一般地，进行预调查的目的有三：一是为验证目前的问卷在语言措辞上是否合理，是否符合被调查人群的理解习惯，便于发现问卷题项的设计问题。二是通过预调研用于分析检测问卷的信度和效度，进一步优化问卷，为进一步正式分析奠定基础。三是验证整个研究方案是否切实可行。

依循上述原则，作者请导师和 2 名旅游营销领域的教授对预调研问卷进行讨论，就问卷中是否存在不清楚、歧义或难以回答的问题，是否存在意义重复或相近的问题，是否存在与研究关系不大的问题进行讨论。根据讨论结果，最终形成了本研究的预调研问卷（将在下文中分类阐释）。此外，研究还采集了受访者的人口统计变量信息，如性别、年龄、婚姻、学历、月收入、是否曾经到过长沙文和友等。除背景资料外，所有问项均采取李克特 5 点量表进行测量，其中 5 表示非常同意，4 表示同意，3 表示一般，2 表示不同意，1 表示非常不同意。

（1）真实性感知维度的测量及题项。

地方记忆再现的介质是物质空间和情感空间（Agnew，1999）。在地记忆的承载既需要物质空间中的符号学展陈和勾勒，又需要唤醒消费者地方情感、实现情感空间价值的氛围营造（李凡等，2015；费显政，2021c）。进一步阐述，地方记忆的复现本质上依赖于地方的文化记忆，它演变成一种与地方身份构建紧密相关的象征性资本（Oscar 和 Christina，2020）。显然，就氛围感知和美食感知看，融合了物质空间和情感空间的怀旧餐厅，其装饰和菜品均可认为是经历了一种"修饰"或重新构建，以现实与虚构的融合多重呈现。在真实性的文化感知维度，其界定来自文化接近性（cultural proximity），意旨个体的归属感因生活习惯、风俗文化、语言的熟悉而唤起的记忆和亲近感（Straubhaar，1991）。刘向前（2018）、梁增贤与保继刚（2020）等研究旅游者对旅游目的地消费感知时发现，其自身文化与目的地之间文化感知程度越强烈，对目的地的偏好与印象越深厚。

考虑到怀旧餐厅不仅是一个补充能量的消费空间，更承载着满足基本用餐需求后的精神层面探索实践。因此，参考武传表等（2018）、李凡等（2015）、梁璐等（2020）、Buzova 等（2020）以及尚薇（2022）等在美食旅游者和旅游目的地之间的文化接近性研究成果，遴选了菜品、语言、上菜方式、地方特色讲解等维度，将怀旧餐厅的真实性感知细分为文化感知、氛围感知和美食感知三个方面。文化感知题项分设为 6 个题项。具言之：一是参考了路曼曼（2010）的观点，在中国情境下加入了传统品牌、传统口味等老字号餐饮传承的要素；二是借鉴 Buzova 等（2020）的研究成果，更为关注年轻消费群体自身获得的知识、增加的娱乐性及餐厅本身的知名度等潜在要素。氛围感知维度中，参考前述成果，将青年消费者的感知界定为视觉、听觉、嗅觉和整体的感受 4 个方面，由此设计了 4 个题项。在美食感知维度题项设计中将重点回归食物本身属性，按照餐厅菜品出品质量细分为是否美味可口、是否健康饮食等消费者普遍关心的 4 个话题。

表 3-2　真实性感知的测量维度及题项

编号	维度	问题	参考来源
CP1	文化感知	餐饮产品很具有教育意义	Straubhaar（1991）；武传表、冯安睿（2018）；李凡等（2015）；路曼曼（2010）；Buzova 等（2020）
CP2		餐饮产品时有吸引人的服务表演	
CP3		餐饮产品品牌知名度高	
CP4		餐饮产品的菜名好听且有内涵	
CP5		享用餐饮产品时有生动的美食讲解	
CP6		餐饮产品传统口味、老字号保留完好	
AP1	氛围感知	餐厅的灯光、色彩和设计让我感觉到了长沙特色	尚薇（2022）；梁璐等（2020）
AP2		独特的音乐营造出舒适的就餐氛围	
AP3		餐厅内无异味	
AP4		餐厅整体营造的氛围很有年代风格	
FP1	美食感知	餐厅产品营养丰富	武传表等（2018），前测整理
FP2		餐厅产品食材新鲜	
FP3		餐厅产品美味可口	
FP4		餐厅菜量适中	

图表来源：研究根据前序成果、前测与讨论整理所得。

（2）替代性怀旧维度的测量及题项。

替代性怀旧是一种情感体验，它涉及对过去的美好回忆和情感的依恋，但这种怀旧并非基于真实的个人经历，而是通过媒体、文化产品或其他人的叙述来构建的（Oscar 和 Christina，2020）。这种怀旧情感的产生，往往是因为现代社会中人们对于快速变化的环境感到不适应，希望通过回忆过去来寻求一种心理上的安慰和情感的寄托。如前文所述，替代性怀旧不仅是一种情感表达，还涉及文化、社会和心理多个层面。在文化层面，替代性怀旧反映了社会对于过去的一种集体记忆和认同，这种记忆和认同通过媒体、文学作品、电影等方式被广泛传播和共享。在社会心理层面，替代性怀旧可以帮助人们应对现代社会中的压力和不确定性，通过回忆过去的美好时光来获得心理上的安慰和支持。

替代性怀旧与个人怀旧的区别往往可以从动机对象和目的两方面来看。从动机和对象区分个人怀旧主要是出于对过去的情感依恋和对美好记忆的怀念，它涉及对个人经历、人际交往、家庭生活以及个人成长中的美好时刻的回忆。这种怀旧是基于个人情感和经历的，是对过去的一种重构与思念，包括对一种已经发生的事件的可掌控感和安全感。相比之下，替代性怀旧则更多的是基于心理需求，当个人的某些欲望或需求在现实中无法得到满足时，就会通过怀旧来寻求一种替代性的满足。这种怀旧不仅是对过去的回忆，还是一种心理上的替代满足，通过回忆过去来缓解现实的压力或不满。从目的上区分，个人怀旧的目的通常是寻找内心的平静和安慰，这种怀旧是出于对过去美好时光的怀念，以及对过去人际关系和家庭生活的依恋。而替代性怀旧则更多的是在现实中遇到困难或挑战时，通过回忆过去来获得心理上的慰藉和支持，以此来应对当前的困境。

本次研究中的怀旧更多是激发青年消费群体不曾经历的记忆，基于怀旧餐厅中文化产品或其他人的叙述来构建的对过去的美好回忆和情感的依恋。因此，本次研究中的怀旧情感特指替代性怀旧而非个人怀旧，题项设计上侧重于对此情感进行描述和衡量。研究结合前测结果并全面复盘参考了 Oscar 和 Christina（2020）、Merchant 和 Rose（2013）、Hepper 等（2021）的研究成果，设计了包含 6 个题项的测量维度。对维度的表述中，采用"幻想""想象""觉得"等词语描述，突出替代性怀旧中的基于非真实个人经历，从而区别于个人怀旧。而 PC6 条目尽管表达出个人的怀旧特征，但基于 Oscar 和 Christina（2020）在研究中使用，故本次在问卷初始阶段也将其放入其中，将其作为数据质量的检验指标。若在后续的分析中，能将该条目筛选剔除，则间接验证本次问卷设计紧紧围绕主题，且数据收集质量较高。替代性怀旧维度测量更多是激发青年消费群体不曾经历的记忆（表3-3）。

表3-3 替代性怀旧维度的测量维度及题项

编号	问题	参考来源
PC1	我幻想着过去	Oscar 和 Christina（2020）；Merchant 和 Rose（2013）；Hepper 等（2021）以及前测与讨论整理
PC2	我想象我生活在过去	
PC3	我觉得目的地把我带回了过去	
PC4	我想象我在那个简单纯粹的时代	
PC5	我想象我是在参加过去的传统和仪式	
PC6	我很怀念以前的时光	

图表来源：研究根据前序成果、前测与讨论整理所得。

（3）积极情绪和消极情绪维度的测量及题项。

研究中的积极情绪和消极情绪可认为是替代性怀旧后触发的内心情感，是一种实时性的情感衍生反应。结合前测结果并综合了 Wildschut 等（2022）、Garrido（2018）、Merchant 和 Rose（2013）等的研究成果，研究设计了 6 个题项和 5 个题项，分别对应积极情绪维度和消极情绪维度（表3-4、表3-5）。

表3-4 积极情绪维度测量和题项

编号	问题	参考来源
PE1	高兴的	Wildschut 等（2022）；Garrido（2018）；Merchant 和 Rose（2013）以及前测与讨论整理
PE2	赞赏的	
PE3	受到启发的	
PE4	平静的	
PE5	暖心的	

图表来源：研究根据前序成果、前测与讨论整理所得。

表 3-5　消极情绪维度测量和题项

编号	问题	参考来源
NE1	沮丧的	Wildschut 等（2022）；Oscar 和 Christina（2020）；Garrido（2018）以及前测与讨论整理
NE2	悲伤的	
NE3	恼怒的	
NE4	失落的	
NE5	焦虑的	

图表来源：研究根据前序成果、前测与讨论整理所得。

（4）探新求异和文化距离维度的测量及题项。

探新求异是年轻群体鲜明的性格标识。文化距离受制于每个人从小的成长环境，有着鲜明的地域特征。可见，探新求异和文化距离彰显了每个游客的特质，是非实时性的特征。本研究根据访谈结果及 Merchant 和 Ford（2008）与 Zhou 等（2022）的研究成果，将探新求异设定为 5 个题项。此外，本研究根据访谈结果及 Li 等（2019）的研究成果，将文化距离设定为 4 个题项（表 3-6、表 3-7）。

表 3-6　探新求异维度测量和题项

编号	问题	参考来源
NS1	我喜欢追求新鲜事物	Zhou 等（2022）；Merchant 和 Ford（2008）以及前测与讨论整理
NS2	我喜欢到新的旅游景点旅游	
NS3	我很乐意尝试以前未接触过的美食	
NS4	我不反感尝试一些稀奇古怪的事物	
NS5	接触陌生的人或事不会让我感到不适	

图表来源：研究根据前序成果、前测与讨论整理所得。

表 3-7　文化距离维度测量和题项

编号	修改问题 culture distance	参考来源
CD1	我对长沙的文化有一定了解	Li 等（2019）以及前测与讨论整理
CD2	我对文和友这家餐厅有一定了解	
CD3	我很能接受长沙的吃辣文化	
CD4	我认为整体上长沙的美食与自己家乡的美食较为相似	

图表来源：研究根据前序成果、前测与讨论整理所得。

（5）重购意愿维度的测量及题项。

根据受访者反馈，对今后重游文和友餐厅的态度大多持积极态度。因此，研究结合吴莹洁（2018）、Oscar 和 Christina（2020）的成果，使重购意愿维度包含下述 4 个题项。

表 3-8　重购意愿维度测量和题项

编号	修改问题 culture distance	参考来源
RV1	我乐于向家人和朋友推荐文和友	Oscar 和 Christina（2020）；吴莹洁（2018）
RV2	我乐于向其他人述说文和友餐厅的正面信息	
RV3	我乐意在未来三年再次到访文和友	
RV4	我乐意在未来三年到长沙来品尝美食	

图表来源：研究根据前序成果整理所得。

3.3 问卷的预调研

3.3.1 预调研问卷分析

预调研分析主要涉及描述分析、信度分析和探索性因子分析。描述分析主要是为了解被调查人群的基本情况，探明人员特征的具体分布。信度分析和探索性因子分析主要用于判断问卷制定是否合理，是否达到应有的信度和效度。探索性因子分析用于判断题项维度的归纳是否与预先理论一致，一般认为被归纳到的维度下的因子载荷大于 0.6 为可以接受，因子载荷大于 0.7 以上为较好（张伟豪与郑时宜，2013）。本研究中信度分析主要应用于问项总体相关系数（CITC）、Cronbach's a 系数和删除题项 Cronbach's a 系数。一般而言，以 CITC 大于 0.5 作为测量问项保留的参考标准（卢纹岱，2000）。Nunnally（1978）指出，为保证问卷的信度，还要检查 Cronbach's a 系数。Cronbach's a 系数大于 0.7 时，说明测量量表的信度符合基本要求，Cronbach's a 系数大于 0.9 时，测量量表具有较高信度。此外，比较项已删除的 Cronbach's a 值可以作为是否删除某一问项的依据，若删除某一问项能使潜变量的整体 Cronbach's a 系数得到较大提升，则应考虑删除该问项。本次预调查中的描述分析、信度分析和探索性因子均采用 SPSS22.0 软件，预调查问卷题项筛选标准详见表 3-9。

表 3-9　问卷题项筛选标准

指　标	标　准
维度符合要求	题项维度符合预期理论
因子载荷系数	>0.6
Cronbach α 系数	>0.7
删除题项 Cronbach α 系数	小于或接近于 Cronbach α 系数
CITC	>0.5

图表来源：研究综合既有学研的普遍标准所得。

3.3.2 预调研的开展

研究根据前述章节制定的步骤实施预调研。预调研在 2022 年 12 月 15~17 日展开。为了更好地甄别替代性怀旧所呈现的情感特征，研究首先就青年人群给予界定。中国国家统计局对青年人群年龄的界定为 15~34 周岁，考虑到研究伦理，研究将前来文和友用餐体验的群体年龄界定为 18~34 周岁。选取青年群体的主要原因是这类年龄段人群未有过或仅少有过文和友所营造出的 20 世纪 70~80 年代怀旧氛围的生活体验，与替代性怀旧的定义较为匹配。三天内，收集的问卷分别为 44 份、40 份和 43 份。对初始问卷的回收标准而言，若某一问卷的任何一个变项存在遗漏值，或问卷具有一致性填答的情况的，该份问卷应被归类为无效问卷，并将其排除。此外，预调研中所有的被调查人员都应是能清楚理解问卷题项内容的，无因不能理解而放弃的受访人员。据此原则判定，本研究剔除无效问卷 22 份后的有效问卷占比为 86.07%。

从人口统计学的视角分析预调查情况，由表 3-10 集中呈现。其中，女性 34 人，男性 71 人，占比分别为 32.4% 和 67.6%，受访者中男性比例远高于多于女性。年龄分组上，18~23 岁年龄组 44 人，占比 41.9%；24~29 岁年龄组 16 人，占比 15.2%；30~35 岁年龄组 45 人，占比 42.9%；18~23 岁和 30~35 岁年龄组人数较多。从婚姻状况分析，已婚 55 人，占比 52.4%；未婚 50 人，占比 47.6%，数量相近。从学历情况分析，初中及以下人数较少，为 11 人，占比 10.5%；高中或中专人数 2 人，占比 1.9%；本科或大专人数最多，达到 54 人，占比 51.4%。研究生及以上人数占比较多，为 38 人，占比 36.2%。从月收入分析，3000 元以下组人数最少，占比 9.5%；3000~5999 元组 31 人，占比 29.5%；拥有较高收入的消费者占比最高，6000 元及以上人数最多，为 64 人，占比超六成。

表 3-10 一般人口学特征分析

类别	分类	次数	百分比（%）
性别	女	34	32.4
	男	71	67.6
年龄	18~23 岁	44	41.9
	24~29 岁	16	15.2
	30~35 岁	45	42.9
婚姻	未婚	50	47.6
	已婚	55	52.4
学历	初中及以下	11	10.5
	高中或中专	2	1.9
	本科或大专	54	51.4
	研究生及以上	38	36.2

类别	分类	次数	百分比（%）
月收入	3000 元以下	10	9.5
	3000~5999 元	31	29.5
	6000~7999 元	16	15.2
	8000~9999 元	27	25.8
	10000 元及以上	21	20
是否曾经到过长沙文和友	未去过	45	42.9
	去过	60	57.1
	总计	105	100

图表来源：研究调查统计所得。3.3.3 预调研效度分析

　　问卷整体维度 KMO 为 0.777，符合大于 0.7 的标准，累计方差为 80.175%，亦表明指标适合因子分析。表 3-11 是主成分探索分析因子表结果，进一步旋转后，NE5 题项和 AP4 单独成为一个维度，并未归纳到各自原有的维度中。同时，PC6 因子载荷仅为 0.193，低于标准，不符合理论预期的问卷设计，因此研究将进一步结合信度分析对问卷进行优化。

表 3-11　主成分探索分析因子

	1	2	3	4	5	6	7	8	9	10
CP6	0.888									
CP1	0.877									
CP2	0.871									
CP5	0.868									
CP4	0.841									
CP3	0.840									
PE5		0.907								
PE3		0.897								

续表

	1	2	3	4	5	6	7	8	9	10
PE1		0.879								
PE4		0.866								
PE2		0.757								
PE6		0.662								
NS5			0.923							
NS3			0.916							
NS1			0.910							
NS4			0.903							
NS2			0.819							
PC6				0.193						
PC1				0.874						
PC5				0.873						
PC3				0.871						
PC2				0.824						
PC4				0.806						
NE3					0.921					
NE4					0.914					
NE2					0.906					
NE1					0.800					
FP3						0.904				
FP2						0.871				
FP4						0.828				
FP1						0.813				
CD2							0.925			
CD1							0.911			

续表

	1	2	3	4	5	6	7	8	9	10
CD3							0.811			
CD4							0.803			
RV2								0.922		
RV3								0.907		
RV1								0.904		
RV4								0.676		
AP2									0.840	
AP3									0.788	
AP1									0.744	
NE5										0.764
AP4										0.616

图表来源：研究根据运算所得。3.3.4 预调研信度分析

（1）文化感知维度的信度分析。

经运算，文化感知维度 CITC 均在 0.8 以上，Cronbach's a 系数为 0.956，删除题项后 Cronbach's a 系数小于 0.956。这证明了该维度内部一致性结果优秀。从信度角度分析，文化感知维度无需删除题项，详见表 3-12。

表 3-12 文化感知的信度分析

题项	CITC	删除题项 Cronbach's a	Cronbach's a
CP1	0.884	0.945	0.956
CP2	0.861	0.948	
CP3	0.840	0.950	
CP4	0.825	0.951	
CP5	0.877	0.946	
CP6	0.901	0.943	

图表来源：研究运算所得。

（2）氛围感知维度信度分析。

氛围感知维度 CITC 各题项分别为 0.643、0.747、0.665 和 0.119，Cronbach's a 系数为 0.723，AP4 对应的删除题项 Cronbach's a 系数为 0.883，显著大于 0.723。根据信度相关操作规则并结合评价指针，删除 AP4 题项，详见表 3-13。

表 3-13 氛围感知的信度分析

题项	CITC	删除题项 Cronbach's a	Cronbach's a
AP1	0.643	0.587	0.723
AP2	0.747	0.507	
AP3	0.665	0.570	
AP4	0.119	0.883	

图表来源：研究运算所得。

（3）美食感知维度信度分析。

美食感知维度 CITC 均在 0.8 以上，Cronbach's a 系数为 0.932，删除题项 Cronbach's a 系数均小于 0.932。这证明了该维度内部也保持高一致性。从信度角度分析，美食感知维度无需删除题项，详见表 3-14。

表 3-14 美食感知的信度分析

题项	CITC	删除题项 Cronbach's a	Cronbach's a
FP1	0.813	0.922	0.932
FP2	0.883	0.900	
FP3	0.872	0.902	
FP4	0.802	0.924	

图表来源：研究运算所得。

（4）替代性怀旧维度信度分析。

替代性怀旧维度 CITC 各题项分别为 0.819、0.798、0.800、0.735、0.811以及 0.146，Cronbach's a 系数为 0.866，PC6 对应的删除题项 Cronbach's a 系数为 0.933，显著大于 0.866。结合评价指标，删除 PC6 题项，详见表 3-15。

表 3-15　替代性怀旧的信度分析

题项	CITC	删除题项 Cronbach's a	Cronbach's a
PC1	0.819	0.815	0.866
PC2	0.798	0.820	
PC3	0.800	0.820	
PC4	0.735	0.830	
PC5	0.811	0.816	
PC6	0.146	0.933	

图表来源：研究运算所得。

（5）积极情绪维度信度分析。

积极情绪维度 CITC 均在 0.5 以上，Cronbach's a 系数为 0.924，删除题项 Cronbach's a 系数均小于或接近 0.924，证明该维度内部一致性较好。从信度角度分析，积极情绪维度无须删除题项，详见表 3-16。

表 3-16　积极情绪的信度分析

题项	CITC	删除题项 Cronbach's a	Cronbach's a
PE1	0.869	0.899	0.924
PE2	0.705	0.924	
PE3	0.877	0.898	
PE4	0.831	0.904	
PE5	0.875	0.899	
PE6	0.566	0.936	

图表来源：研究运算所得。

（6）消极情绪维度信度分析。

消极情绪维度 CITC 各题项分别为 0.677、0.848、0.845、0.812 以及 0.070，Cronbach's a 系数为 0.826，NE5 对应的删除题项 Cronbach's a 系数为 0.931，

显著大于 0.826。结合评价指标，删除 NE5 题项，详见表 3-17。

表 3-17 消极情绪的信度分析

题项	CITC	删除题项 Cronbach's a	Cronbach's a
NE1	0.677	0.775	0.826
NE2	0.848	0.726	
NE3	0.845	0.724	
NE4	0.812	0.735	
NE5	0.070	0.931	

图表来源：研究运算所得。

（7）探新求异维度信度分析。

探新求异维度 CITC 值均高于 0.7，Cronbach's a 系数为 0.950，删除题项 Cronbach's a 系数均小于或接近 0.950，证明了该维度内部一致性较好。从信度角度分析，探新求异维度无须删除题项，详见表 3-18。

表 3-18 探新求异的信度分析

题项	CITC	删除题项 Cronbach's a	Cronbach's a
NS1	0.889	0.934	0.950
NS2	0.762	0.956	
NS3	0.901	0.932	
NS4	0.873	0.936	
NS5	0.896	0.932	

图表来源：研究运算所得。

（8）文化距离维度信度分析。

文化距离维度 CITC 均在 0.7 以上，Cronbach's a 系数为 0.924，删除题项 Cronbach's a 系数均小于或接近 0.924，证明该维度内部一致性较好。从信度角度分析，文化距离维度无须删除题项，详见表 3-19。

表 3-19　文化距离的信度分析

题项	CITC	删除题项 Cronbach's a	Cronbach's a
CD1	0.897	0.876	0.924
CD2	0.895	0.876	
CD3	0.762	0.921	
CD4	0.749	0.927	

图表来源：研究运算所得。

（9）重购意愿维度信度分析。

重购意愿维度文化距离维度 CITC 均值在 0.5 以上，Cronbach's a 系数为 0.895，证明该维度内部一致性较好。从信度角度分析，重购意愿维度无须删除题项，详见表 3-20。

表 3-20　重购意愿的信度分析

题项	CITC	删除题项 Cronbach's a	Cronbach's a
RV1	0.885	0.856	0.895
RV2	0.89	0.854	
RV3	0.865	0.864	
RV4	0.583	0.958	

图表来源：研究运算所得。

综上所述，结合探索性因子分析和信度分析结果，研究将删除 AP4、PC6、NE5 三个题项。

3.3.3 删除后结果

为确保问卷的可靠性和准确性，在删除 AP4、PC6、NE5 三个题项后，研究再次对预调研数据进行信度和探索性因子分析。

（1）删除题项后效度分析。

从表 3-21 的效度分析结果中可以看出，不同维度 KMO 在 0.676~0.909，氛围感知 KMO 为 0.676（接近 0.7），整体问卷的 KMO 为 0.787，效度检验的累计方差介于 73.771%~83.694%，表明指标适合因子分析（数值均在 70% 以上）。表 3-22 呈现了各个维度经过旋转后的数值。从数据中可知，每个题项均对应归纳到理论模型维度上，且因子载荷绝大部分在 0.8 以上。尽管个别题项数值在 0.6~0.8，但依然符合开展下一步分析的边界要求。研究随即进入下一阶段分析之中。

表 3-21　效度检验

维度	编码	KMO	Bartlett 球形检验	显著性	累积方差（%）
文化感知	CP	0.869	698.945	0.000	82.321
氛围感知	AP	0.676	187.396	0.000	81.025
美食感知	FP	0.858	350.111	0.000	83.382
替代性怀旧	PC	0.856	466.259	0.000	79.072
文化距离	CD	0.830	354.540	0.000	81.620
探新求异	NS	0.909	536.336	0.000	83.694
积极情绪	PE	0.891	543.677	0.000	73.771
消极情绪	NE	0.849	392.818	0.000	83.549
重购意愿	RV	0.781	1786.063	0.000	76.671
整体问卷	—	0.787	4115.176	0.000	80.578

图表来源：研究运算所得。

表 3-22　主成分探索分析因子

题项	1	2	3	4	5	6	7	8	9
CP6	0.887								
CP1	0.875								
CP2	0.872								
CP5	0.865								
CP3	0.843								
CP4	0.838								
PE5		0.909							
PE3		0.901							
PE1		0.883							
PE4		0.875							
PE2		0.752							
PE6		0.659							
NS5			0.925						
NS3			0.918						
NS1			0.914						
NS4			0.898						
NS2			0.826						
PC1				0.877					
PC3				0.875					
PC5				0.873					
PC2				0.827					
PC4				0.805					
NE3					0.921				
NE4					0.913				

题项	1	2	3	4	5	6	7	8	9
NE2					0.903				
NE1					0.801				
FP3						0.909			
FP2						0.885			
FP4						0.835			
FP1						0.824			
CD2							0.924		
CD1							0.912		
CD3							0.818		
CD4							0.806		
RV2								0.923	
RV1								0.909	
RV3								0.907	
RV4								0.677	
AP2									0.845
AP3									0.795
AP1									0.759

图表来源：研究运算所得。

（2）删除题项后信度分析。

根据上文分析结果，氛围感知、替代性怀旧、消极情绪三个维度均有题项删除。因此，本部分信度分析仅对氛围感知、替代性怀旧、消极情绪开展，其余维度不重复开展分析。表 3-23 呈现了删除题项后的信度结果。不同维度中 CITC 均大于 0.7，符合标准。同时 Cronbach's a 系数分别为 0.883、0.933 和 0.931，删除题项 Cronbach's a 系数均小于对应维度的指数值。可见，删除题项后的氛围感知、替代性怀旧、消极情绪三个维度的信度结果均符合研究纵深开展的要求。表 3-24 呈现了所有维度的 Cronbach's a 系数汇总结果。整体问卷 Cronbach's a 系数值为 0.905。其中，重购意愿维度最低为 0.895，文化感知维度最高为 0.942。

表 3-23　删除题项后信度分析

题项	CITC	删除题项 Cronbach's a	Cronbach's a
AP1	0.704	0.892	0.883
AP2	0.864	0.748	
AP3	0.759	0.846	
PC1	0.862	0.910	0.933
PC2	0.817	0.919	
PC3	0.843	0.914	
PC4	0.747	0.932	
PC5	0.845	0.913	
NE1	0.714	0.953	0.931
NE2	0.895	0.893	
NE3	0.887	0.894	
NE4	0.872	0.899	

图表来源：研究运算所得。

表 3-24　问卷整体信度及各维度信度汇总

维度	题项数目	Cronbach's a
文化感知	6	0.942
氛围感知	3	0.937
美食感知	4	0.936
替代性怀旧	5	0.903

维度	题项数目	Cronbach's a
文化距离	4	0.927
探新求异	5	0.955
积极情绪	6	0.940
消极情绪	4	0.935
重购意愿	4	0.895
总问卷	41	0.905

图表来源：研究运算所得。

3.4 样本与数据收集

3.4.1 研究对象的确定

本研究以中国国籍到访长沙文和友的 18~34 周岁群体为研究对象，且受访对象为用餐完毕的实际消费者。选择这一群体基于下述两点考虑：

一是就青年人群的界定应遵循科学性和学术伦理。研究以国家统计局的官方统计口径为基准。国家统计局对青年的统计口径界定在 15~34 周岁，考虑到研究伦理，在预调研中将受访对象的年龄区间设定在 18~34 周岁。且为确保前后一致性，正式调研中也参照预调研的 18~34 周岁青年群体。紧扣青年群体展开的样本调研主要是契合替代性怀旧的概念限制，是因为这类年龄段人群未有过或仅少有过文和友所营造出的 20 世纪 70 年代末期到 80 年代怀旧氛围的生活体验，与替代性怀旧的定义较为匹配。

二是非中国国籍的到访者被排除在外。其原因主要考量了文化距离可控性。一般地，文化距离在学界大多与地理距离休戚相关，文化因空间和地理的隔离而生成疏远感与距离感（王佳果等，2021）。为了使实证结果更为精准，研究规避了因国别差异导致的过大的跨文化心理适应过程。

三是在被受访者研究中，不特地排除"曾经到访过"文和友的人群。首先，本研究紧紧围绕青年群体真实性感知和怀旧情感，是对目前到访青年群体对文和友所展现的文化和美食的现场感受的反馈，注重的是真实的感知。其次，本研究中怀旧情怀关注点为替代性怀旧而非个人怀旧。最后，在实证分析章节，对曾经到访过和首次到访的被访者进行方差分析，检验理论的正确性。

3.4.2 样本量的确定

本研究主要采用结构方程（Structural Equation Modeling，SEM）验证理论假设。结构方差模型在迭代计算时主要运用最大似然法进行参数估计。有关结构方程样本量的估计，诸多学者进行了论证分析。邱皓政（2009）认为样本数量大小对于 SEM 的稳定性和各种指数的适用性具有较大的影响。根据 Hair 等（1998）的观点，运用最大似然法进行参数估计时，样本数需达到预估计参数的 5 倍以上才能运用 AMOS 软件进行处理。张伟豪和郑时宜（2013）认为，SEM 作为一种大样本的分析技术，为取得稳定的参数估计和标准误，建议样本数以 200~500 份为宜。Barrett（2007）认为运用 SEM 进行分析的样本数不应少于 200 份，同时他还建议样本数至少应该是模型变量的 10 倍。行文至此，综合前人的研究观点，并考虑怀旧餐厅和青年消费群体的特定情境，研究希冀得到的有效问卷样本量便跃然纸上。考虑到现场问卷收集依从性不高的现实拘囿，研究将问卷样本发放数扩大 20%，即按照 600 份的规模发放，以便于 SEM 的顺利进行。

3.4.3 样本收集方法

研究采用线下问卷调查的形式进行,遵循方便抽样原则,具体过程如下：本研究问卷的发放场所特指长沙文和友海信广场总店。就实施步骤来看，首先面向用餐完毕的青年消费者告知受访目的，在征得其同意后实施。其次确认其已在文和友餐厅就餐完毕并准备离开，满足已实现消费的闭环。再者，对符合年龄的游客进行问卷调查。每次问卷调查均由受过专业培训的学生助理和笔者共同完成，执行标准化操作流程，包括前期告知、发放问卷、问卷解释、问卷回收和检查核实。问卷的发放与收集在 2022 年 2 月、2023 年 7 月底至 8 月底两个时间段展开，历时近 2 个月。

Babbie（2010）指出，对于社会科学数据的收集，有两个需要恪守的伦理原则：一是尊重隐私。研究在接触受访者时便清楚地告知对方访谈目的，以及可能存在涉及个人隐私的信息收集。所有的问卷发放均立足征得受访者同意的基础上进行。研究邀请的学生助理由笔者的政府间合作单位——长沙市文化和旅游局选派，笔者针对性地给予了培训，内容包括对调研主题与内容的说明、调研的技巧与注意事项说明等，确保每位参与调研的人员对问卷内容、填写方法、可能存在的问题及如何指导青年消费者填写都要十分熟悉。二是自愿参与。其在数据收集过程中，如果被访者拒绝回答问题或者要退出调查，也尊重其意愿，立即结束并不保存其访谈内容。

3.5 数据分析方法

3.5.1 描述性统计分析

描述性统计分析是展示数据基本情况的常用方法。本研究中针对受访者的一般人口学情况进行统计分析。具体而言，变量包括性别、年龄、婚姻、学历、月收入和以前是否到过长沙文和友。进一步看，研究将各个变量的信息以个数和百分比的形式进行统计，便于为后续分析提供基础数据。与此同时，研究对问卷中每个维度提项进行描述分析，罗列各个变量的最大值、最小值、偏度和峰度并实施正态性判定，为进一步搭建结构方程模型奠定基础。

3.5.2 信度和效度分析

问卷收集的数据是否具有科学性，这是问卷分析工作的基础。一般地，社会科学研究采用问卷信度和效度代表数据的可靠性和稳定性。

（1）信度分析。

信度分析又称可靠性分析，是对同一事务重复测量后结果的一致性反馈。信度一般分为稳定系数、等值系数和内在一致性系数。目前，测量信度的主流方法包括折半信度法、重测信度法、α 信度系数法、复本信度法。问卷数据的分析常常检测其内在一致性，与前序研究方案选定时检测信效度的方法一致，既有研究大多采用 Cronbach α 系数、已删除题项的 α 系数和组合信度（composite reliability，CR）来进行分析。由于 Cronbach α 系数和 CR 在问卷分析中应用广泛，学界就信度数值范围大小与问卷信度高低的关联性方面也已形成统一意见。吴明隆(2010)指出,Cronbach α 系数取值范围是 0~1,0.8以上认为问卷信度非常好，问卷的稳定性和一致性强，0.7~0.8 表明问卷信度可以接受范围。CR（composite reliability）值是所有测量变项信度的组合，代表着构念表达的内部一致性，与 Cronbach's α 效用一致，CR 越高表示构念的内部一致性越高，0.7 是其理想的门槛（Hair，1997）。Fornell 和 Larcker（1981）建议该值应始终处于 0.6 以上。已删除题项的 Cronbach α 为删除该分析项后剩下分析项的 α 系数，若此值明显高于 Cronbach α 系数值，可考虑删除该分析项（Hair，1997）。

（2）效度分析。

对问卷资料而言，效度通常指所测量的数据结果能反映预先想要考察内容的程度，一般包括内容效度和结构效度。张伟豪和郑时宜（2013）认为内容效度检验的是测量内容与测量目标之间是否适合，即所设计的题项能否代表所要测量的内容或主题。结构效度最早由美国心理学会提出，是指测验能说明心理学上的理论结构或特质的程度。换言之，它是指测验分数能够说明心理学理论的某种结构或特质的程度；是指实验与理论之间的一致性，即实验是否真正测量到假设（构造）的理论。

本研究将从三个方面确保问卷的内容效度。第一，尽量采用公开发表的文献中成熟的现有问卷。第二，问卷初步设计后进行预调查，对调查后的反馈结果进行问卷内容修正。第三，邀请了全国五星联盟院校——浙江旅游职业学院的两位教授和一位博士，对问卷的内容进行再次校正和审核。Anastasi（1990）指出，结构效度从收敛效度和区分效度两个指标衡量。收敛效度是指一组变量可以用来衡量同一个构面，主要通过组合信度和平均变异数萃取量（Average of variance extracted，AVE）进行评价。其基本标准是组合信度要大于或等于 0.7；AVE 大于或等于 0.5。AVE 是计算潜变量之测量变量的方差解释力，若 AVE 越高，则表示构念有越高的收敛效度。一般认为，AVE 大于或等于 0.5 较为理想（Fornell 和 Larcker，1981）。关于区别效度的检验方法，Fornell 和 Larcker（1981）的方案得到广泛的认可。他们建议通过潜在变量平方差萃取值（AVE）与潜在变量之间相关系数平方做比较，AVE 应该大于相关系数的平方或者潜在变量的皮尔森（Pearson）相关系数，如果潜在变量的 AVE 的平方根大于潜变量与其他潜在变量之间的皮尔森（Pearson）相关系数，则证明潜在变量与其他潜在变量之间具有明显区别效度（表 3-25）。

表 3-25 本研究信度和效度门槛

指 标	门槛值
删除题项 Cronbach α 系数	不大于同纬度 Cronbach α 系数
Cronbach α 系数	>0.7
CR	>0.7
AVE	>0.5
AVE 的平方根	大于潜在变量与其他潜在变量之间的皮尔森相关系数

图表来源：研究综合前序成果的标准所得。

3.5.3 验证性因素分析

验证性因素分析主要用于确认潜变量是否真的能够被几个观察变量所代表，是结构方程模型分析的重要前置步骤（张伟豪，2011）。验证性因素分析（CFA）主要包括三个步骤，分别为模型设定、模型识别和模型评价。模型设定一般根据研究主题确定，与结构方程模型类似。模型识别要求每个因子至少由 3 个指标组成。若是高级模型要求至少包含三个维度，每个指标只测量 1 个因子，误差不相关（刘秋琪等，2023）。模型评价是验证性因子分析的重要部分，对于适配性指标也有一定的经验准则。研究判定某一维度是否达到验证性因子模型标准的要求，以及采用 MI（Modification indices）对模型进行修正的标准集中体现在表 3-26 中。Fornell 和 Larcker（1981）认为，在 CFA 分析时标准化因子载荷大于 0.6 是可接受水平，大于 0.7 是理想水平。此外，模型中潜在因子至少为两个，每个潜在构面至少要有三个题目，同时量表最好为七点尺度（Bollen，1989）。值得一提的是，模型简约也是验证性因子分析的重要原则。一阶验证性因子分析和二阶验证性因子分析在适配度和评价指标相近的基础上，模型往往更倾向二阶模型。如前所述，本研究中真实性感知构面包含文化感知、氛围感知和美食感知三个维度，符合高阶因子潜在变量个数大于等于 3 的要求。进一步，再对真实性感知构进行一阶验证性因子分析和二阶验证性因子分析，并比较适配度和评价指针，对最终模型选取做出决断。

表3-26 验证性因子分析适配度和评价标准

指　标	门槛值
指标	标准
X2	越小越好
Df	越大越好
X2/ Df	<3
RMSEA	<0.08
SRMR	<0.08
CFI	>0.9
TLI	>0.9
每个潜在变量问题题项	大于等于3
高阶因子潜在变量个数	大于等于3
标准化因子载荷	大于0.7

图表来源：研究综合前序成果的标准所得。

3.5.4 结构方程模型分析

结构方程模型分析（SEM）是一种能够把样本数据间复杂的因果关系用相应的模型方程表现出来的计量技术，该分析法能对复杂的因果关联加以测量和量化。吴明隆（2013）指出，结构方程模型是多元变量间相关关系分析的综合性方法，该方法能够同时对模型中包含的潜在变量、显性变量、误差项之间的关系进行统计分析，进而获得因素对被接受的总效应、间接效应和直接效应。研究在验证性因子分析的基础上进行结构方程分析，主要用于验证假设，希冀得到各变量间的路径系数并探讨维度间的相关关系。

中介效应分析是问卷类数据分析的重要组成部分，其重点探讨解释变量对被解释变量的作用是否通过中介变量传导，比较不同传导路径间的作用大小，厘清变量间相互作用的机制，对现实中的措施实施及改进起指导作用。本研究中重点探讨游客真实性感知对重购意愿这一行为的影响，具体包括三条路径：第一条是真实感知—替代性怀旧—积极情绪—重购意愿；第二条是真实感知—替代性怀旧—消极情绪—重购意愿；第三条是真实感知—替代性怀旧—重购意愿。

调节效应分析是研究解释变量对被解释变量施加影响时，是否会受到调节变量的干扰。为验证假设，本研究把探新求异和文化距离作为调节变量，真实性感知作为自变量，替代性怀旧作为因变量，研究真实性感知对替代性怀旧的影响是否受到探新求异和文化距离的影响。本次中介效应分析和调节效应分析均采用 Mplus 软件，中介效应分析选择 Bootstrap 法，重复抽样次数为 1000。

3.5.5 方差分析

方差分析（Analysis of Variance，ANOVA）是不同组别间连续变量比较的一种分析方法。方差分析一般适用于两者及两组以上组别的比较。本研究中组别变量包括性别、年龄、婚姻、学历、月收入以及是否到过长沙文和友。比较指标包括文化感知、氛围感知、美食感知、替代性怀旧、积极情感、消极情绪、探新求异、文化距离、重购意愿，符合方差分析的使用范围。此外，研究采用的方差分析均为单因素方法分析。具体来看，若三组及以上组间比较差异存在显著性，则采用 LSD 法对不同组别进行两两比较。

第四章

实证分析

4.1 样本的人口统计学分析

与预调研形式相似，研究问卷采用在现场发放并收集数据的形式。累计回收问卷 598 份。其中，无效问卷的判定标准参照范莉娜（2016）在美食旅游研究中的方案，将测量项全部选择一个选项的问卷判定为无效问卷。本次研究中共有无效问卷 44 份，有效问卷 554 份，问卷有效率为 92.64%（554/598）。

表 4-1 是一般人口学统计结果。细究问卷分析的结果，女性受访者和男性受访者分别为 253 人和 301 人，分别占比 45.7% 和 54.3%。受访者中，青年男性多于青年女性。年龄分组上，18~23 岁年龄组 84 人，占比 15.2%；24~29 岁年龄组 245 人，占比 44.2%；30~35 岁年龄组 225 人，占比 40.6%。直观来看，24~29 岁和 30~35 岁年龄组人较多。从婚姻状况分析，已婚 271 人，占比 48.9%；未婚 283 人，占比 51.1%，数量相近。从学历情况分析，初中及以下人数较少，仅有 41 人，占比 7.4%；高中或中专人数 92 人，占比 16.6%；本科或大专人数最多，为 309 人，占比 55.8%；研究生及以上学历为 112 人，占比 20.2%。从月收入分析，3000 元以下组的人数最少，为 47 人，占比 8.5%；3000~5999 元组有 176 人，占比 31.8%；6000~7999 元组的人数最多，有 242 人，占比 43.7%；8000~9999 元的组和 10000 元及以上的组人数分别为 51 人和 38 人，占比分别为 9.2% 和 6.9%。

表4-1 一般人口统计学分析

类别	分类	次数	百分比（%）
性别	女	253	45.7
	男	301	54.3
年龄	18~23 岁	84	15.2
	24~29 岁	245	44.2
	30~35 岁	225	40.6
婚姻	未婚	271	48.9
	已婚	283	51.1
学历	初中及以下	41	7.4
	高中或中专	92	16.6
	本科或大专	309	55.8
	研究生及以上	112	20.2
月收入	3000 元以下	47	8.5
	3000~5999 元	176	31.8
	6000~7999 元	242	43.7
	8000~9999 元	51	9.2
	10000 元及以上	38	6.9
之前是否到过长沙文和友	未去过	403	72.7
	去过	151	27.3
	总计	554	100.0

图表来源：研究统计分析所得。

4.2 正态性检验

表4-2是对样本测量问项数据进行的正态性检验。一般认为，所有测量问项的偏度绝对值小于3且峰度绝对值小于8时，数据基本符合正态分布（Kline，2011）。从表4-2可知，所有测量题项的偏度绝对值最小为0.017，最大为0.291，均处在小于3的合理范围。与之类似的，所有题项的峰度绝对值介于0.686~1.327，也都在低于8的区间内。因此可认为本研究各测量题项的大样本调查数据满足上述临界值要求，说明适合使用结构方程序模型中最大似然法对数据进行参数估计。

表4-2 正态性检验

题项	N	平均数	标准偏差	偏度		峰度	
	统计资料	统计资料	统计资料	统计资料	标准错误	统计资料	标准错误
CP1	554	4.139	1.740	−0.206	0.104	−0.915	0.207
CP2	554	4.054	1.604	−0.178	0.104	−0.835	0.207
CP3	554	4.096	1.671	−0.196	0.104	−0.858	0.207
CP4	554	4.273	1.694	−0.197	0.104	−0.825	0.207
CP5	554	4.258	1.819	−0.159	0.104	−1.010	0.207
CP6	554	4.406	1.841	−0.229	0.104	−1.016	0.207
AP1	554	4.054	1.697	−0.154	0.104	−0.945	0.207
AP2	554	4.166	1.755	−0.156	0.104	−1.095	0.207
AP3	554	4.137	1.664	−0.115	0.104	−0.867	0.207
FP1	554	4.092	2.011	−0.053	0.104	−1.327	0.207
FP2	554	4.121	1.800	0.044	0.104	−1.163	0.207
FP3	554	3.998	1.892	0.020	0.104	−1.214	0.207
FP4	554	4.283	1.851	−0.104	0.104	−1.126	0.207
PC1	554	4.271	1.796	−0.017	0.104	−1.134	0.207
PC2	554	4.265	1.814	−0.162	0.104	−1.101	0.207

续表

题项	N	平均数	标准偏差	偏度		峰度	
	统计资料	统计资料	统计资料	统计资料	标准错误	统计资料	标准错误
PC3	554	4.359	1.706	−0.042	0.104	−0.985	0.207
PC4	554	4.388	1.782	−0.170	0.104	−0.860	0.207
PC5	554	4.294	1.767	−0.042	0.104	−1.034	0.207
PE1	554	3.637	1.636	−0.153	0.104	−1.058	0.207
PE2	554	3.563	1.863	0.188	0.104	−1.160	0.207
PE3	554	3.646	1.672	−0.093	0.104	−1.031	0.207
PE4	554	3.792	1.692	−0.076	0.104	−1.063	0.207
PE5	554	3.641	1.667	−0.126	0.104	−1.057	0.207
PE6	554	3.628	1.678	0.021	0.104	−1.071	0.207
NE1	554	4.061	1.889	−0.039	0.104	−1.193	0.207
NE2	554	3.897	1.634	−0.263	0.104	−0.907	0.207
NE3	554	4.047	1.654	−0.231	0.104	−0.945	0.207
NE4	554	3.890	1.642	−0.226	0.104	−0.892	0.207
NS1	554	4.090	1.708	−0.274	0.104	−0.950	0.207
NS2	554	4.135	1.825	−0.056	0.104	−1.146	0.207
NS3	554	4.029	1.615	−0.264	0.104	−0.868	0.207
NS4	554	4.121	1.667	−0.291	0.104	−0.922	0.207
NS5	554	3.998	1.668	−0.164	0.104	−0.878	0.207
CD1	554	4.327	1.696	−0.026	0.104	−0.870	0.207
CD2	554	4.298	1.682	0.030	0.104	−0.877	0.207
CD3	554	4.334	1.644	0.026	0.104	−0.827	0.207
CD4	554	4.188	1.670	−0.075	0.104	−0.893	0.207
RV1	554	4.023	1.615	−0.017	0.104	−0.753	0.207

续表

题项	N	平均数	标准偏差	偏度		峰度	
	统计资料	统计资料	统计资料	统计资料	标准错误	统计资料	标准错误
RV2	554	4.200	1.615	−0.051	0.104	−1.025	0.207
RV3	554	4.153	1.562	−0.173	0.104	−0.810	0.207
RV4	554	3.845	1.569	0.174	0.104	−0.686	0.207

图表来源：研究运算所得。

4.3 信度和效度分析

本节主要是对预调研中的问卷进行修正。正式收集数据后，对正式样本再次进行信度和效度分析。信度和效度的删除和保留原则上参考第三章，本章不再赘述。

4.3.1 效度分析

从表 4-3 的结果分析，不同维度的 KMO 在 0.762~0.919，均实现了大于 0.7 的目标，整体问卷的 KMO 指数达到 0.899。累计方差均在 70% 以上（介于 77.713%~88.891%），表明指标适合因子分析。在表 4-4 为主成分探索分析因子表中显示了经过旋转后，每个题项均对应归纳到理论预算的维度上。尽管个别题项的因子载荷在 0.6~0.8，但绝大部分题项的因子载荷高于 0.8 以上，这证明了研究符合问卷设计的预期，适合开展下一步的分析。

表 4-3 效度检验

维度	编码	KMO	Bartlett 球形检验	显著性	累积方差（%）
文化感知	CP	0.897	3222.901	0.000	77.847
氛围感知	AP	0.762	1454.917	0.000	88.891
美食感知	FP	0.856	1996.615	0.000	84.220
替代性怀旧	PC	0.878	2012.774	0.000	72.971

维度	编码	KMO	Bartlett球形检验	显著性	累积方差（%）
文化距离	CD	0.841	1987.660	0.000	82.276
探新求异	NS	0.912	3032.201	0.000	85.105
积极情绪	PE	0.919	3207.627	0.000	77.713
消极情绪	NE	0.859	2037.995	0.000	84.329
重购意愿	RV	0.781	1786.063	0.000	76.671
整体问卷	—	0.899	22897.765	0.000	82.317

图表来源：研究运算所得。

表4-4 主成分探索分析因子

题项	1	2	3	4	5	6	7	8	9
CP6	.884								
CP4	.855								
CP5	.852								
CP1	.732								
CP2	.728								
CP3	.687								
PE3		.930							
PE1		.924							
PE5		.922							
PE4		.892							
PE6		.792							
PE2		.774							
NS1			.913						
NS5			.913						

题项	1	2	3	4	5	6	7	8	9
NS4			.907						
NS3			.904						
NS2			.852						
PC1				.888					
PC3				.887					
PC5				.883					
PC2				.845					
PC4				.665					
NE3					.927				
NE2					.927				
NE4					.915				
NE1					.853				
FP2						.846			
FP3						.843			
FP4						.834			
FP1						.768			
CD2							.938		
CD1							.933		
CD3							.896		
CD4							.811		
RV1								.921	
RV2								.916	
RV3								.911	
RV4								.660	
AP2									.832

题项	1	2	3	4	5	6	7	8	9
AP3									.831
AP1									.783

图表来源：研究运算所得。

4.3.2 信度分析

（1）文化感知维度的信度分析。

文化感知维度 Cronbach's α 系数为 0.942，删除题项 Cronbach's α 系数均小于 0.942，该维度内部一致性较好。从信度角度分析，文化感知维度无须删除题项，详见表 4-5。

表 4-5　文化感知维度的信度分析

题项	删除题项 Cronbach's a	Cronbach's a
CP1	.927	0.942
CP2	.928	
CP3	.932	
CP4	.931	
CP5	.939	
CP6	.930	

图表来源：研究运算所得。

（2）氛围感知维度信度分析。

氛围感知维度 Cronbach's α 系数为 0.937，删除题项 Cronbach's α 系数均小于 0.937，该维度内部一致性较好。从信度角度分析，氛围感知维度无须删除题项，详见表 4-6。

表4-6 氛围感知维度的信度分析

题项	删除题项 Cronbach's a	Cronbach's a
AP1	.914	0.937
AP2	.890	
AP3	.921	

图表来源：研究运算所得。

（3）美食感知维度信度分析。

美食感知维度 Cronbach's α 系数为 0.936，删除题项后 Cronbach's α 系数小于 0.936，显示该维度内部一致性较好。从信度角度分析，美食感知维度无须删除题项，详见表4-7。

表4-7 美食感知维度的信度分析

题项	删除题项 Cronbach's a	Cronbach's a
FP1	.925	0.936
FP2	.902	
FP3	.910	
FP4	.930	

图表来源：研究运算所得。

（4）替代性怀旧维度信度分析。

替代性怀旧维度 Cronbach's α 系数为 0.903，从删除题项 Cronbach's α 系数看，PC4 为 0.930，与 Cronbach's α 系数差距不大。由于替代性怀旧的问卷题项已通过预调研的实证检验且通过了专家根据研究主题开展的审核，因此在此不做调整，详见表4-8。

表4-8 替代性怀旧维度的信度分析

题项	删除题项 Cronbach's a	Cronbach's a
PC1	.862	0.903
PC2	.875	
PC3	.867	
PC4	.930	
PC5	.866	

图表来源：研究运算所得。

（5）积极情绪维度信度分析。

积极情绪维度 CITC 均在 0.7 以上，Cronbach's α 系数为 0.940，删除题项 Cronbach's α 系数均小于或接近 0.940，显示该维度内部一致性较好。从信度角度分析，积极情绪维度无须删除题项，详见表 4-9。

表4-9 积极情绪的信度分析

题项	删除题项 Cronbach's a	Cronbach's a
PE1	.920	0.940
PE2	.944	
PE3	.920	
PE4	.926	
PE5	.921	
PE6	.941	

图表来源：研究运算所得。

（6）消极情绪维度信度分析。

消极情绪维度 CITC 均在 0.7 以上，Cronbach's α 系数为 0.935，删除题项 Cronbach's α 系数均小于或接近 0.935，该维度内部一致性较好。从信度角度分析，消极情绪维度无须删除题项，详见表 4-10。

表 4-10　消极情绪维度的信度分析

题项	删除题项 Cronbach's a	Cronbach's a
NE1	.944	0.935
NE2	.904	
NE3	.905	
NE4	.908	

图表来源：研究运算所得。

（7）探新求异维度信度分析。

探新求异维度 CITC 均在 0.8 以上，Cronbach's α 系数为 0.955，删除题项 Cronbach's α 系数均小于或接近 0.955，该维度内部一致性较好。从信度角度分析，探新求异维度无须删除题项，详见表 4-11。

表 4-11　探新求异维度的信度分析

题项	删除题项 Cronbach's a	Cronbach's a
NS1	.939	0.955
NS2	.957	
NS3	.942	
NS4	.942	
NS5	.942	

图表来源：研究运算所得。

（8）文化距离维度信度分析。

文化距离维度 CITC 均在 0.7 以上，Cronbach's α 系数为 0.927，删除题项 Cronbach's α 系数均小于或接近 0.927，该维度内部一致性较好，从信度角度分析，文化距离维度无须删除题项，详见表 4-12。

表4-12 文化距离维度的信度分析

题项	删除题项 Cronbach's a	Cronbach's a
CD1	.883	0.927
CD2	.883	
CD3	.907	
CD4	.944	

图表来源：研究运算所得。

（9）重购意愿维度信度分析。

重购意愿维度 Cronbach's α 系数为 0.895，从删除题项 Cronbach's α 系数看，RV4 为 0.902，大于 0.895。由于删除题项后的差距较小且问卷题项通过预调查，同时也通过了专家的主题审核，因此研究不考虑问卷改动，详见表 4-13。

表4-13 重购意愿维度的信度分析

题项	删除题项 Cronbach's a	Cronbach's a
RV1	.819	0.895
RV2	.842	
RV3	.837	
RV4	.902	

图表来源：研究运算所得。

（10）信度汇总。

整体问卷 Cronbach's a 值为 0.905，重购意愿维度最低为 0.895，文化感知维度最高，达 0.942，详见表 4-14。

表 4-14　问卷整体信度及各维度信度汇总

维度	题项数目	Cronbach's a
文化感知	6	0.942
氛围感知	3	0.937
美食感知	4	0.936
替代性怀旧	5	0.903
文化距离	4	0.927
探新求异	5	0.955
积极情绪	6	0.940
消极情绪	4	0.935
重购意愿	4	0.895
总问卷	41	0.905

图表来源：研究运算所得。

4.4 验证性因子分析

　　本研究的测量工具主要是借鉴前人的研究成果，为了检验测量工具在跨研究的过程中是否具有较好的兼容度，有必要对各测量模型的有效性进行检验。本研究分析采用 MPLUS 进行验证性因子分析。测量模型是结构方程模型的重要组成部分，在执行 SEM 分析前需要先验证测量指标是否能较好地反映潜变量的特性，通过测量模型的验证性分析能有效提升结构方程模型的配适度，为 SEM 模型的开展打下坚实基础。

4.4.1 真实性感知维度验证性因子分析

　　研究的真实性感知包括文化感知、氛围感知和美食感知在内的三个维度，题项分别为 6 题、4 题和 4 题。修正前 X2/ Df>3，RMSEA>0.08，通过 MPLUS 中 modification index（MI）进行修正，删除 CP5 和 CP6 后，X2/ Df 和 RMSEA 得到极大改善，各项指标均达到研究纵深开展的要求。修正前后各项指标由表 4-15、图 4-1 和图 4-2 综合显示。

接下来对文化感知、氛围感知和美食感知进行二阶因子分析。由于本次二阶验证性因子模型仅有 3 个维度，无须通过目标系数（target coeifficient）判断二阶构面的合理性。一阶验证性因子模型中三个维度的相关系数均在 0.5 以上，一阶因子之间相关性较强。二阶验证性因子中各潜变量标准化因子载荷系数均大于 0.7，进一步证实二阶模型的可行性，因此按照模型简约原则，真实性感知采用二阶因子模型，详见图 4-3。

表 4-15 真实性感知一阶模型适配度

类别	X2	Df	X2/ Df	RMSEA	SRMR	CFI	TLI
修正前	484.981	62	7.822	0.111	0.043	0.944	0.929
修正后	115.256	41	2.811	0.057	0.027	0.988	0.984

图表来源：研究运算所得。

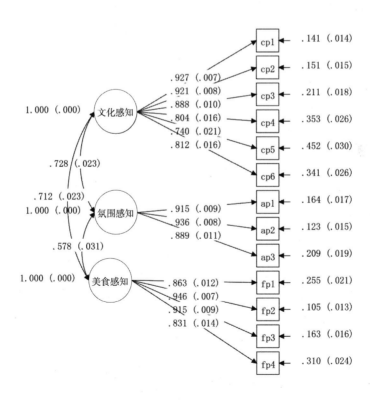

图 4-1 修正前真实性感知因子模型

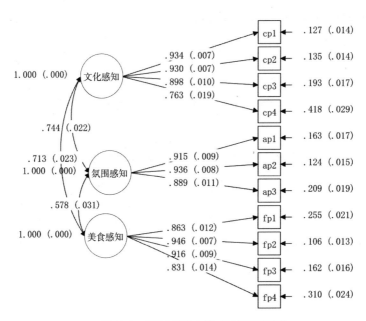

图 4-2　修正后真实性感知因子模型

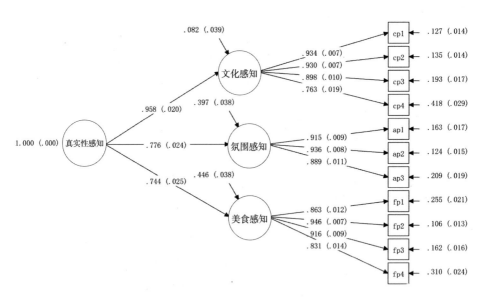

图 4-3　真实性感知因子分析

4.4.2 替代性怀旧维度验证性因子分析

替代性怀旧包含 5 个题项。修正前 X2/ Df>3，通过 MPLUS 中 modification index(MI)进行修正。删除 PC4 后，X2/ Df 得到极大改善，各项指标均符合要求，标准化因子载荷均大于 0.7，符合信度分析删除要求。修正前后各项指标如表 4-16、图 4-4 和图 4-5 所示。

表 4-16　替代性怀旧维度适配度

类别	X2	Df	X2/ Df	RMSEA	SRMR	CFI	TLI
修正前	20.533	5	4.107	0.075	0.018	0.992	0.985
修正后	5.655	2	2.828	0.057	0.006	0.998	0.994

图表来源：研究运算所得。

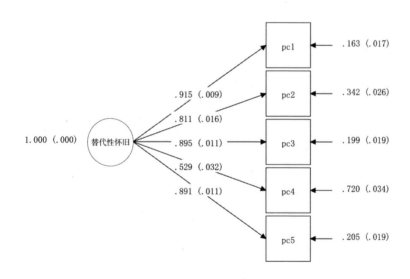

图 4-4　修正前替代性怀旧因子模型

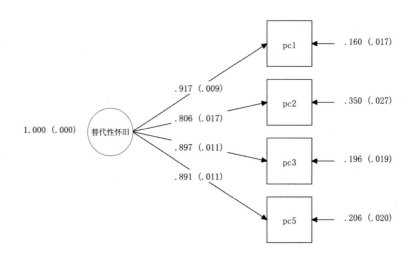

图 4-5 修正后替代性怀旧因子模型

4.4.3 积极情绪维度验证性因子分析

积极情绪包含 6 个题项。修正前 X2/ Df>3，RMSEA>0.08，通过 MPLUS 中 modification index（MI）进行修正，删除 PE2 和 PE4 后，X2 / Df>3 和 RMSEA 得到极大改善，各项指标均符合要求，标准化因子载荷均大于 0.7。修正前后各项指标详见表 4-17、图 4-6 和图 4-7。

表 4-17　积极情绪维度适配度

类别	X2	Df	X2/ Df	RMSEA	SRMR	CFI	TLI
修正前	56.308	9	5.529	0.097	0.018	0.985	0.975
修正后	2.207	2	2.735	0.045	0.006	0.999	0.997

图表来源：研究运算所得。

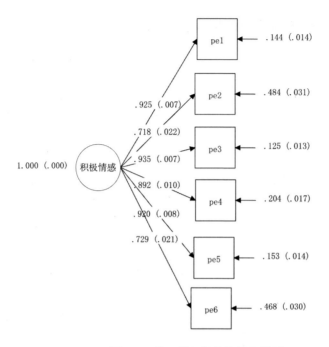

图 4-6 修正前积极情绪因子模型

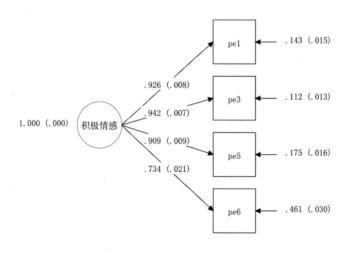

图 4-7 修正后积极情绪因子模型

4.4.4 消极情绪维度验证性因子分析

消极情绪包含 4 个题项，各项指标均符合要求。准化因子载荷均大于 0.7，无须删除题项，详见表 4-18、图 4-8。

表 4-18　消极情绪维度适配度

类别	X2	Df	X2/ Df	RMSEA	SRMR	CFI	TLI
维度结果	6.867	2	5.529	0.028	0.004	1.000	0.999

图表来源：研究运算所得。

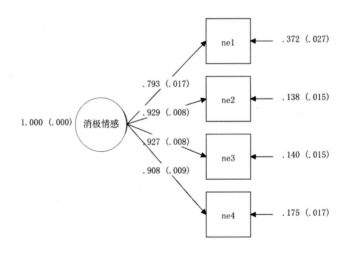

图 4-8　消极情绪因子模型

4.4.5 探新求异维度验证性因子分析

探新求异包含 5 个题项。修正前 X2/ Df>3，RMSEA>0.08，通过 MPLUS 中 modification index（MI）进行修正，删除 NS2 后，X2/ Df>3 和 RMSEA 得到

极大改善，各项指标均符合要求，标准化因子载荷均大于 0.7。修正前后各项
指标详见表 4-19、图 4-9 和图 4-10。

表 4-19　探新求异维度适配度

类别	X2	Df	X2/ Df	RMSEA	SRMR	CFI	TLI
修正前	24.589	5	4.918	0.084	0.009	0.994	0.987
修正后	5.565	2	2.783	0.057	0.004	0.999	0.996

图表来源：研究运算所得。

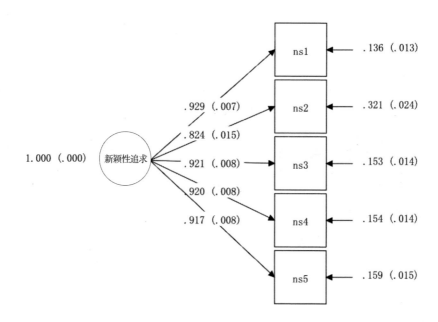

图 4-9　修正前探新求异因子模型

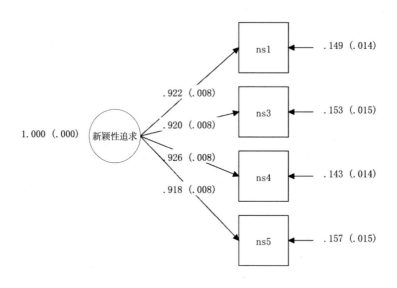

图 4-10　修正后探新求异因子模型

4.4.6 文化距离维度验证性因子分析

文化距离包含 4 个题项,各项指标均符合要求。标准化因子载荷均大于 0.7,无须删除题项,详见表 4-20 和图 4-11。

表 4-20　文化距离维度适配度

类别	X2	Df	X2/ Df	RMSEA	SRMR	CFI	TLI
维度结果	3.934	2	1.967	0.042	0.006	0.999	0.997

图表来源：研究运算所得。

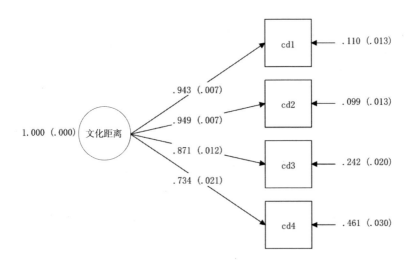

图 4-11 文化距离维度因子模型

4.4.7 重购意愿维度验证性因子分析

重购意愿包含为 4 个题项。修正前 X2 / Df>3，RMSEA>0.08，通过 MPLUS 中 modification index（MI）进行修正，删除 RV4 后，X2 / Df > 3 和 RMSEA 得到极大改善，各项指标均符合要求，标准化因子载荷均大于 0.7，同时符合研究关于信度分析删除的界定。修正前后各项指标详见表 4-21、图 4-12 和图 4-13。

表 4-21 重购意愿维度适配度

类别	X2	Df	X2/ Df	RMSEA	SRMR	CFI	TLI
修正前	73.092	2	4.918	0.253	0.031	0.960	0.881
修正后	0.000	0.000	0.000	0.000	0.000	1.000	1.000

图表来源：研究运算所得。

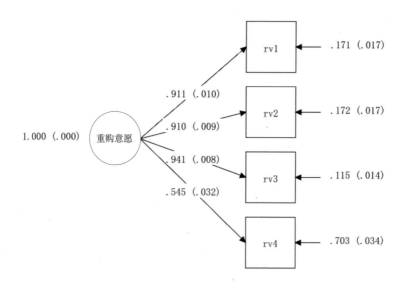

图 4-12　修正前重购意愿因子模型

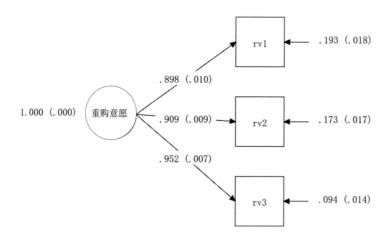

图 4-13　修正后重购意愿因子模型

4.4.8 全维度二阶验证性因子分析

从表 4-22 看，各项指标均符合要求，同时标准化因子载荷均在 0.7 以上，表明验证性因子结果较好（图 4-14），为进一步 SEM 分析打下坚实基础。

表 4-22　全维度适配度

类别	X2	Df	X2/ Df	RMSEA	SRMR	CFI	TLI
全维度	862.413	503	1.715	0.036	0.031	0.981	0.978

图表来源：研究运算所得。

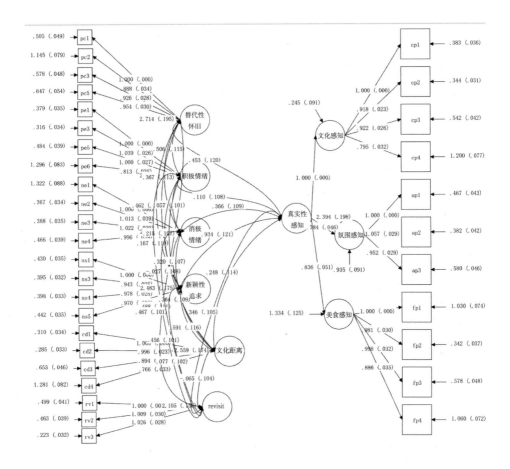

图 4-14　全维度因子分析

4.5 区别效度和收敛效度检验

本节依次对真实性感知、替代性怀旧、积极情绪、消极情绪、探新求异、文化距离和重购意愿维度分别实施了区别效度和收敛效度检验。区别效度和收敛效度的检验方法和检验水平已在第三章中详细阐述并罗列，在此不再赘述。

4.5.1 收敛效度检验

表 4-23 罗列了真实性感知一阶因子模型和二阶因子模型的组成信度及收敛效度。二阶模型中各标准因子载荷均大于 0.7，项目信度均在 0.5 以上，维度对题目的解释能力强。上述实证结果说明二阶因子可以解释一阶因子较高的变异量，支持了研究中二阶因子的存在。具体来看，AVE 为 0.692，接近 0.7，维度对题目的平均解释能力高。CR 值为 0.870，二阶因子内部一致性强。通过二阶因子信度和收敛效度分析，本研究支持采用二阶因子模型。

表 4-23　真实性感知一阶和二阶因子模型信度和收敛效度比较

类型	维度	题项	参数显著性估计				题目信度	组成信度	收敛效度
			Estimate	S.E.	Est./S.E.	P-Value	R2	CR	AVE
一阶模型	文化感知	CP1	0.935	0.007	129.083	***	0.874	0.934	0.782
		CP2	0.931	0.007	125.331	***	0.867		
		CP3	0.897	0.010	92.083	***	0.805		
		CP4	0.762	0.019	40.304	***	0.581		
	氛围感知	AP1	0.915	0.009	97.996	***	0.837	0.938	0.835
		AP2	0.936	0.008	116.313	***	0.876		
		AP3	0.889	0.011	82.863	***	0.790		

类型	维度	题项	参数显著性估计				题目信度	组成信度	收敛效度
			Estimate	S.E.	Est./S.E.	P-Value	R2	CR	AVE
二阶模型	美食感知	FP1	0.863	0.012	70.123	***	0.745	0.938	0.792
		FP2	0.946	0.007	139.212	***	0.895		
		FP3	0.915	0.009	106.943	***	0.837		
		FP4	0.831	0.014	57.509	***	0.691		
	真实性感知	CULTU	0.953	0.018	52.403	***	0.908	0.870	0.692
		ATMOS	0.782	0.024	33.231	***	0.612		
		FOOD	0.746	0.024	30.649	***	0.557		

***P<0.01，图表来源：研究运算所得。

表 4-24 罗列了其余各个维度的信度与收敛效度。从结果看，项目信度介于 0.539~0.908，组成信度在 0.931~0.957，收敛效度在 0.772~0.849。综上，本模型信度、组成信度和收敛效度均较为理想。

表 4-24 因子模型信度与收敛效度（排除真实性感知维度）

维度	题项	参数显著性估计				项目信度	组成信度	收敛效度
		STD. Estimate	S.E.	Est./S.E.	P-Value	R2	CR	AVE
替代性怀旧	PC1	0.918	0.009	98.124	***	0.843	0.931	0.772
	PC2	0.807	0.016	48.967	***	0.651		
	PC3	0.895	0.011	83.985	***	0.801		
	PC5	0.890	0.011	80.715	***	0.792		

续表

维度	题项	参数显著性估计				项目信度	组成信度	收敛效度
		STD. Estimate	S.E.	Est./S.E.	P-Value	R2	CR	AVE
积极情绪	PE1	0.926	0.008	115.629	***	0.857	0.933	0.777
	PE3	0.942	0.007	131.749	***	0.887		
	PE5	0.909	0.009	100.595	***	0.826		
	PE6	0.734	0.021	35.367	***	0.539		
消极情绪	NE1	0.793	0.017	46.473	***	0.629	0.939	0.794
	NE2	0.929	0.008	117.573	***	0.863		
	NE3	0.926	0.008	115.849	***	0.857		
	NE4	0.909	0.009	99.402	***	0.826		
探新求异	NS1	0.923	0.008	119.906	***	0.852	0.957	0.849
	NS3	0.921	0.008	117.496	***	0.848		
	NS4	0.925	0.008	122.658	***	0.856		
	NS5	0.917	0.008	113.023	***	0.841		
文化距离	CD1	0.944	0.007	134.409	***	0.891	0.931	0.772
	CD2	0.948	0.007	139.413	***	0.899		
	CD3	0.871	0.012	75.458	***	0.759		
	CD4	0.735	0.021	35.647	***	0.540		
重游意愿	RV1	0.899	0.010	88.492	***	0.808	0.943	0.846
	RV2	0.907	0.010	94.860	***	0.823		
	RV3	0.953	0.007	129.270	***	0.908		

***P<0.01，图表来源：研究运算所得。

4.5.2 区分效度检验

表 4-25 详细显示了各个维度的区别效度的相关系数。实证显示，区别效度在 0.832~0.921，各维度的区别效度均大于维度间的相关系数，表明各维度间有较好的区别效度。综上所述，测量问卷具有较好的信效度，说明本研究的测量是恰当的。

表 4-25　区别效度

变量	真实性感知	替代性怀旧	积极情绪	消极情绪	探新求异	文化距离	重购意愿
真实性感知	0.832						
替代性怀旧	0.178	0.879					
积极情绪	0.047	0.203	0.881				
消极情绪	0.158	0.149	0.025	0.891			
探新求异	0.383	0.178	0.090	0.136	0.921		
文化距离	0.100	0.063	−0.011	0.152	0.235	0.879	
重购意愿	0.154	0.204	0.212	0.210	0.034	−0.028	0.920

对角线粗体字为 AVE 开根号下三角为维度之 pearson 系数
图表来源：研究运算所得。

4.6 结构模型方程分析

4.6.1 模型适配度检验

研究采用 MPLUS 进行 SEM 分析。具言之，X2/ Df<3，RMSEA 和 SRMR 分别为 0.037、0.042，CFI 和 TLI 均大于 0.09。这表明本次研究的结构方程模型配适度指数基本达到相关标准，说明模型设定合理，适合做进一步的路径分析，各项指针详见表 4-26 和图 4-15。

表 4-26　SEM 模型适配度

类别	X2	Df	X2/ Df	RMSEA	SRMR	CFI	TLI
全维度	504.810	289	1.747	0.037	0.042	0.984	0.983

图表来源：研究运算所得。

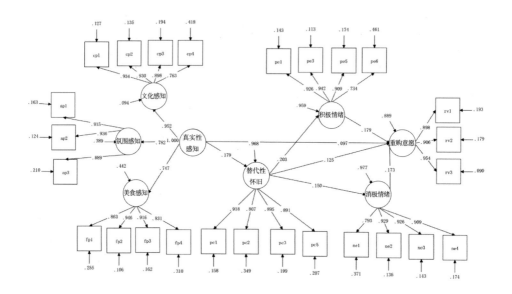

图 4-15　结构方程模型

4.6.2 模型路径分析

从表 4-27 的结果综合分析，真实性感知为自变量的结果中 P<0.001，标准化回归系数为 0.179。这表明真实性感知对替代性怀旧有正向促进作用，真实性感知程度越高，替代性怀旧感触越深，假设 1 成立。

替代性怀旧为自变量，积极情绪为因变量的结果中 P<0.001，标准化回归系数为 0.203，表明替代性怀旧对积极情绪有正向促进作用，替代性怀旧感触越深，积极情绪程度越深，假设 2a 成立。另外，将替代性怀旧作为自变量，消极情绪作为因变量的情境下，P<0.001，标准化回归系数为 0.150，显示替代性怀旧对消极情绪有正向促进作用，替代性怀旧的感触越深则消极情绪的

程度越深，假设 2b 成立。进一步看，就消极情绪和积极情绪进行比较分析，替代性怀旧对于积极情绪的影响要大于消极情绪（0.203>0.150）。

重购意愿为因变量的结果中，积极情绪、消极情绪、替代性怀旧、真实性感知对应 P 值均小于 0.05，表明结果显著，对应的假设 3、假设 4 和假设 5a 成立。对应标准化回归系数分别为 0.179、0.173、0.125 和 0.097，积极情绪、消极情绪、替代性怀旧以及真实性感知等程度越深，重购意愿越强烈。从标准化回归系数大小看，积极情绪对重购意愿的影响大于消极情绪。

表 4-27 路径系数

因变量	自变量	Std. Estimate	S.E.	Est./S.E.	P-Value	假设验证
替代性怀旧	真实性感知	0.179	0.045	3.962	***	假设成立
积极情绪	替代性怀旧	0.203	0.043	4.696	***	假设成立
消极情绪	替代性怀旧	0.150	0.044	3.405	***	假设成立
重购意愿	积极情绪	0.179	0.043	4.174	***	假设成立
	消极情绪	0.173	0.043	4.043	***	假设成立
	替代性怀旧	0.125	0.045	2.804	0.005	假设成立
	真实性感知	0.097	0.045	2.175	0.030	假设成立

***P<0.01，图表来源：研究运算所得

4.7 中介效应和调节效应分析

4.7.1 中介效应分析

本次中介效应分析采用 mplus 软件的 Bootstrap 法，times 赋值为 1000，表格中同时罗列 95% 置信区间的 percentile 和 Basic correct。根据图 4-15 结构方程模型，本次模型中中介效应共有三条，分别为真实性感知—替代性怀旧—积极情绪—重购意愿，真实性感知—替代性怀旧—消极情绪—重购意愿，真实性感知—替代性怀旧—重购意愿，表 4-28 对结果进行详细罗列。本次模型中总效应为 0.123，对应 P 值为 0.039，结果显著。总间接效应为 0.031，对应

显著性为 0.012, 结果显著, 表明中介效应存在。直接效应为 0.091, 结果显著, 表明真实性感知对重购意愿为部分中介效应。

从具体中介效应路径分析, 真实性感知—替代性怀旧—积极情绪—重购意愿路径为 0.006, 对应 P 值为 0.033, 结果显著, 该路径中介效应成立。真实性感知—替代性怀旧—消极情绪—重购意愿路径为 0.004, 对应 P 值为 0.062, 结果不显著, 该路径中介效应不成立。真实性感知—替代性怀旧—重购意愿为 0.021, 对应 P 值为 0.021, 结果显著, 该路径中介效应成立。

进一步对中介效应比较分析, 由于路径 B 不成立, A 与 B, A 与 C 的差异性统计分析比较不再进行, 路径 A 和路径 C 中介效应强于 B, 但 A 和 C 之间的差异不显著 (P=0.127)。因此, 研究不认为两条路径在中介效应上作用强度有差异。

综上结果分析, 替代性怀旧和积极情绪作为双重中介变量的中介效应成立 (假设 5b 成立), 而替代性怀旧和消极情绪作为双重中介变量的中介效应不成立 (假设 5c 不成立)。替代性怀旧为中介变量的中介效应成立 (假设 5a 成立)。值得一提的是, 替代性怀旧和积极情绪作为双重中介变量的中介效应与替代性怀旧为中介变量的中介效应强度无差异。

表 4-28　中介效应结果分析

中介路径	参数估计	Bootstrap 1000 times 95%C.I.						
		Basic correct	percentile					
	Estimate	S.E.	Est./S.E.	P-Value	Lower	Upper	Lower	Upper
	效应值							
真实感知—替代性怀旧—积极情绪（A）	0.006	0.003	2.127	0.033	0.002	0.014	0.002	0.013
真实感知—替代性怀旧—消极情绪（B）	0.004	0.002	1.868	0.062	0.001	0.011	0.001	0.010

续表

中介路径	参数估计	Bootstrap 1000 times 95%C.I.						
		Basic correct	percentile					
	Estimate	S.E.	Est./S.E.	P–Value	Lower	Upper	Lower	Upper
	效应值							
真实感知—替代性怀旧（C）	0.021	0.01	2.065	0.039	0.006	0.048	0.005	0.046
总间接效应	0.031	0.012	2.524	0.012	0.012	0.064	0.011	0.062
直接效应	0.091	0.042	2.169	0.030	0.008	0.174	0.011	0.175
总效应	0.123	0.043	2.866	0.004	0.039	0.209	0.042	0.210
	效应比较							
A VS. C	−0.015	0.01	−1.526	0.127	−0.041	0.000	−0.038	0.001

图表来源：研究运算所得。

4.7.2 调节效应分析

表 4-29 显示了调节效应分析的具体数值。研究以探新求异和文化距离为调节变量，真实性感知为自变量，替代性怀旧为因变量。从结果具体来看，真实性感知探新求异为 −0.061，对应显著性为 0.039，结果显著。这表明：在怀旧餐厅情境下，青年消费者的探新求异负向调节真实性感知与替代性怀旧关系假设 7 成立，调节效应斜率详见图 4-16。当探新求异增加一个单位，真实性感知与替代性怀旧的正向关系减少 0.061 个单位。真实性感知文化距离为 −0.022，显著性为 0.495，结果不显著，表明文化距离对真实性感知与替代性怀旧无调节作用，假设 6 不成立，调节效应斜率详见图 4-17。

表 4-29　调节效应分析

变量	Estimate	S.E.	Est./S.E.	P-Value
真实性感知	0.137	0.059	2.314	0.021
探新求异	0.124	0.052	2.372	0.018
真实性感知 * 探新求异	−0.061	0.03	−2.06	0.039
文化距离	0.025	0.044	0.559	0.576
真实性感知 * 文化距离	−0.022	0.033	−0.683	0.495

图表来源：研究运算所得。

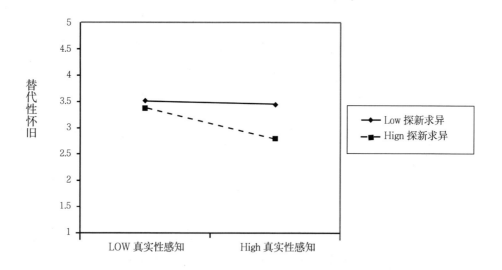

图 4-16　探新求异的调节效应斜率

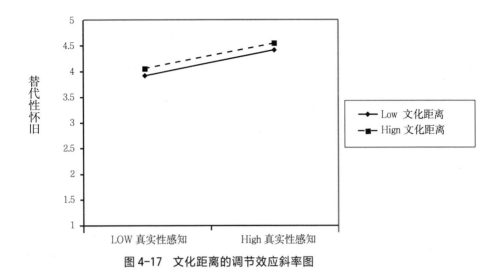

图 4-17　文化距离的调节效应斜率图

4.8 方差分析

本节采用 SPSS 22.0 进行单因素方差分析。在方差分析中,着重就性别、年龄、月收入、学历、婚姻以及之前是否到过长沙文和友等维度的差异性做出量化分析。分析前,研究首先将真实性感知中的文化感知、氛围感知、美食感知,以及替代性怀旧、积极情绪、消极情绪、文化距离、探新求异和重购意愿 9 个维度求均值并形成单一指标,进而进行逐一分析,重组比较采用 LSD 法。

4.8.1 性别作为分组变量的方差分析

文化感知维度中,男性均值高于女性(4.283>3.970),差异在 5% 水平显著,表明男性对于文化的感知要显著强于女性。中国传统文化中可能鼓励男性表现出情感上的克制和刚毅,而女性则可以更加开放地表达情感。传统文化中,男性可能被赋予传承文化、维护传统习俗的责任,这可能导致他们在公共场合或家庭中展现出对传统文化的重视。但这并不意味着女性不重视传统文化,只是她们展现这种重视的方式可能不同,详见表 4-30。

重购意愿的维度中,男性均值远高于女性(4.257>3.970),差异在 5% 水平显著。这表明男性对于以长沙文和友为代表的怀旧餐厅的重游复购要高于女性。该结果呼应了不同性别的受访者存在文化感知差异的结论。由于当代男性青年消费者对于文化感知的得分高于女性,男性对于该类型的主题餐饮可能有着愈加强烈的认同感和亲切感,主观意愿上也更加乐于通过记忆的联想弥补缺失的地方意义感。这与吴少峰等（2024）的研究结论不谋而合。本研究的实证也提示怀旧餐厅的从业者在弘扬在地文化和选定怀旧主题的阶段，要有差别地进行自我与场景的双重共情。性别的差异会影响个体对扑面而来的怀旧感的真实性认知。在不同性别的青年消费者的自我认知建构不尽相同的背景下，怀旧餐厅打造的形神兼备的阈限空间或许更容易引起男性青年消费者的内省真实性感知,从中获得人际真实性。具体方差分析结果详见表4-30。

表 4-30　性别的方差分析

维度	性别	个数	均值	标准偏差	F	P
文化感知	女	253	3.970	1.613	5.807	0.016
	男	301	4.283	1.442		
氛围感知	女	253	4.078	1.620	0.308	0.579
	男	301	4.154	1.600		
美食感知	女	253	4.096	1.736	0.120	0.729
	男	301	4.147	1.731		
替代性怀旧	女	253	4.364	1.703	0.788	0.375
	男	301	4.242	1.528		
积极情感	女	253	3.629	1.480	0.015	0.902
	男	301	3.645	1.539		
消极情感	女	253	3.965	1.445	0.013	0.908
	男	301	3.981	1.656		
探新求异	女	253	3.945	1.662	2.508	0.114
	男	301	4.156	1.480		
文化距离	女	253	4.377	1.560	1.678	0.196
	男	301	4.210	1.476		
重购意愿	女	253	3.970	1.550	4.989	0.026
	男	301	4.257	1.471		

图表来源：研究运算所得。

4.8.2 年龄作为分组变量的方差分析

不同年龄中，文化感知、氛围感知、美食感知、替代性怀旧、积极情感、探新求异等维度均显示显著。不过，在不同年龄组别中，各维度略有差异。其余维度在年龄组别上差异无显著性，详见表4-31。

数据显示：文化感知维度和探新求异维度得分均表现为18~23岁组 > 24~29岁组，18~23岁组 > 30~35岁组的情况。不过，24~29岁组和30~35岁组差异无显著性。可能的原因是18~23岁组未经历过餐厅展示的怀旧文化，对于文和友餐厅表达的文化氛围具有强烈的好奇心和探索欲，更加激起低年龄组青年者对于20世纪七八十年代文化的感知、认知和认同感，相应地，探新求异维度得分也高于其他年龄组。传统观念上，年轻人往往更容易接受新的文化潮流和趋势，而老年人可能更倾向保持自己的文化习惯和偏好。一个有趣的现象是，年龄较小的青年人将甚少接触到的怀旧文化或是传统文化看作一种新潮文化。实证结果佐证了低龄段的青年在怀旧餐厅的存在真实性实现依托的是其体验到的扑面而来的年代感。并且其在自我认知建构中感受形神兼备的阈限空间更高。正因如此,正确把握消费者年龄和不同时代文化的"年龄"差距，将"旧潮"推广给低年龄青年，或许是商家反向营销的好模式。

在氛围感知维度、美食感知维度、替代性怀旧维度三个维度方面，均表现为30~35岁组 >18~23岁组，30~35岁组 > 24~29岁组，但18~23岁组和24~29岁组的差异无显著性。可见，没有相关经历的青年群体在文和友餐厅的体验中形成了身份认同。上述差异显著佐证了以"85后"为代表的年轻群体对怀旧餐厅的认知共鸣。从另一个角度看，在青年群体渐成消费主力的当下，这类共鸣恰恰是怀旧餐厅的价值所在。Wearing等（2010）指出，源自20世纪后期的社会快速变革加速了青年群体的认同紧张。纵观全球，传统给予人们根本的方向感，对于平滑迷失与焦虑，助力青年群体寻找个人身份与归属感起到了正向促进作用。正如学者史骥（2022）所言，当下中国的休闲和旅游体验已成为建构个体与集体身份的重要场域，旅行与体验、品茗美食与寻找慰藉被越来越多的青年群体视为改造自我、展示自我的重要方式。在此期间，作为消费空间的怀旧餐厅亦承担了情绪价值提供的功能，为快节奏社会里的青年消费者选择了"从前车马慢"的情感反馈。

在积极情感维度的差异显著性方面，18~23岁组 >24~29岁组，30~35岁组 >24~29岁组，但30~35岁组和18~23岁组之间的差异无显著性。如前文所述，18~23岁组和30~35岁组正分别处于对文和友餐饮怀旧文化探索新奇和情感怀旧之中，18~23 岁组的探索新奇情绪和 30~35 岁组的情感怀旧均对被调查者产生积极的情感。消费者对怀旧触发物产生的心理想象越是饱满细腻，他们对产品持有的态度就越积极，购买的意愿也更为坚定。同时，消费者对新鲜事物的追求也积极影响了购买意愿（表 4-31）。

表 4-31　年龄的方差分析

维度	类别	个数	均值	标准偏差	F	P
文化感知	18~23 岁	84	4.640	1.540	6.701	0.001
	24~29 岁 [a]	245	4.159	1.539		
	30~35 岁 [a]	225	3.933	1.474		
氛围感知	18~23 岁	84	4.595	1.614	7.663	0.001
	24~29 岁	245	4.212	1.603		
	30~35 岁 [ab]	225	3.840	1.564		
美食感知	18~23 岁	84	4.390	1.700	4.917	0.008
	24~29 岁	245	4.284	1.698		
	30~35 岁 [ab]	225	3.850	1.750		
替代性怀旧	18~23 岁	84	4.595	1.351	6.472	0.002
	24~29 岁	245	4.461	1.627		
	30~35 岁 [ab]	225	4.008	1.641		
积极情感	18~23 岁	84	3.932	1.460	5.699	0.004
	24~29 岁 [a]	245	3.403	1.525		
	30~35 岁 [b]	225	3.784	1.483		
消极情感	18~23 岁	84	3.991	1.467	0.297	0.743
	24~29 岁	245	4.023	1.562		
	30~35 岁	225	3.913	1.601		
探新求异	18~23 岁	84	5.259	1.288	33.216	0.000
	24~29 岁 [a]	245	3.932	1.390		

续表

维度	类别	个数	均值	标准偏差	F	P
	30~35 岁 [a]	225	3.751	1.642		
文化距离	18~23 岁	84	4.414	1.444	0.387	0.679
	24~29 岁	245	4.245	1.557		
	30~35 岁	225	4.284	1.500		
重购意愿	18~23 岁	84	4.091	1.382	0.673	0.511
	24~29 岁	245	4.056	1.565		
	30~35 岁	225	4.215	1.505		

a：与 18~23 岁组相比，p<0.05；b：与 24~29 岁组相比，p<0.05；
图表来源：研究运算所得。

4.8.3 婚姻作为分组变量的方差分析

不同婚姻分析中，各维度差异均不显著。表 4-32 的实证结果证实了不同婚姻状态在各维度上几乎无异。

表 4-32 婚姻的方差分析

维度	类别	个数	均值	标准偏差	F	P
文化感知	未婚	271	4.099	1.549	0.393	0.531
	已婚	283	4.180	1.511		
氛围感知	未婚	271	4.080	1.648	0.315	0.575
	已婚	283	4.157	1.570		
美食感知	未婚	271	4.068	1.786	0.542	0.462
	已婚	283	4.177	1.679		
替代性怀旧	未婚	271	4.244	1.648	0.593	0.442
	已婚	283	4.349	1.574		
积极情感	未婚	271	3.760	1.451	3.478	0.063
	已婚	283	3.521	1.560		

维度	类别	个数	均值	标准偏差	F	P
消极情感	未婚	271	4.005	1.567	0.206	0.650
	已婚	283	3.944	1.559		
探新求异	未婚	271	4.096	1.570	0.285	0.594
	已婚	283	4.025	1.568		
文化距离	未婚	271	4.372	1.510	1.679	0.196
	已婚	283	4.205	1.519		
重购意愿	未婚	271	4.014	1.528	2.929	0.088
	已婚	283	4.233	1.494		

图表来源：研究运算所得。

4.8.4 文化程度作为分组变量的方差分析

将文化程度作为分组变量，经分析发现氛围感知、美食感知结果显著，具体结果由表 4-33 呈现。重组比较结果显示，无论氛围感知维度或美食感知维度均表现为初中及以下组得分高于高中或中专组、本科或大专组和研究生组，但高中或中专组、本科或大专组和研究生及以上组之间无差异。

由此申言之，不同的文化程度对于氛围和美食感知存在较大差异。低文化程度组，更加关注美食本身即餐饮用餐氛围。学历较低的人群可能在收入水平上相对较低，因此在外出就餐时，他们可能更加注重食物的质量、性价比和饱腹感，确保每一笔支出都能获得最大的满足。同时，餐饮氛围如清洁度、舒适度和快捷性也是重要的考量因素。学历较低的人群在餐饮选择上可能更加依赖于口碑、亲朋推荐或是直观的感官体验。本研究的对象并不像他们的父辈一样，对长沙文和友所营造的 20 世纪 80 年代的生活环境有着深刻的记忆。换言之，他们对文和友所营造的生活场景大多仅存在碎片化认知，且碎片化的认知来源于后期信息输入。然而，正如文献综述中总结的一样，替代性怀旧并不要求怀旧主体具有相关经历，个体依然可以通过自媒体 UGC、教科书、主流媒体等管道对 20 世纪 80 年代的与影像、符号、场景或消费物的互动，获得对历史的怀旧情感。

表 4-33　文化程度的方差分析

维度	类别	个数	均值	标准偏差	F	P
文化感知	初中及以下	41	4.500	1.424	1.054	0.368
	高中或中专	92	4.152	1.644		
	本科或大专	309	4.138	1.492		
	研究生及以上	112	4.004	1.568		
氛围感知	初中及以下	41	4.846	1.453	3.331	0.019
	高中或中专 [a]	92	4.174	1.706		
	本科或大专 [a]	309	4.061	1.581		
	研究生及以上 [a]	112	3.967	1.603		
美食感知	初中及以下	41	4.829	1.437	3.736	0.011
	高中或中专 [a]	92	4.098	1.867		
	本科或大专 [a]	309	4.158	1.754		
	研究生及以上 [a]	112	3.792	1.584		
替代性怀旧	初中及以下	41	4.537	1.585	1.387	0.246
	高中或中专	92	4.549	1.572		
	本科或大专	309	4.223	1.629		
	研究生及以上	112	4.208	1.590		
积极情感	初中及以下	41	3.951	1.459	1.405	0.241
	高中或中专	92	3.397	1.727		
	本科或大专	309	3.663	1.466		
	研究生及以上	112	3.652	1.454		
消极情感	初中及以下	41	4.366	1.381	1.423	0.235
	高中或中专	92	4.003	1.589		

续表

维度	类别	个数	均值	标准偏差	F	P
	本科或大专	309	3.877	1.592		
	研究生及以上	112	4.074	1.506		
探新求异	初中及以下	41	4.183	1.484	0.633	0.594
	高中或中专	92	4.201	1.559		
	本科或大专	309	4.052	1.585		
	研究生及以上	112	3.920	1.564		
文化距离	初中及以下	41	3.909	1.510	1.602	0.188
	高中或中专	92	4.122	1.428		
	本科或大专	309	4.379	1.507		
	研究生及以上	112	4.306	1.598		
重购意愿	初中及以下	41	4.504	1.528	2.008	0.112
	高中或中专	92	3.978	1.541		
	本科或大专	309	4.192	1.461		
	研究生及以上	112	3.926	1.604		

a：与初中及以下组相比，$p<0.05$；b：与高中或中专组相比，$p<0.05$；c：与本科或大专组相比，$p<0.05$；

图表来源：研究运算所得。

4.8.5 月收入作为分组变量的方差分析

表 4-34 呈现了不同月收入分析中各维度差异均不显著的事实。由此可解读为：不同月收入状态的差异情境并不是怀旧餐厅选择的重要影响因素。

表 4-34 月收入的方差分析

维度	类别	个数	均值	标准偏差	F	P
文化感知	3000 元以下	47	4.500	1.700	1.629	0.166
	3000~5999 元	176	4.253	1.413		
	6000~7999 元	242	3.981	1.607		
	8000~9999 元	51	4.083	1.410		
	10000 元及以上	38	4.263	1.407		
氛围感知	3000 元以下	47	4.220	1.710	1.619	0.168
	3000~5999 元	176	4.241	1.527		
	6000~7999 元	242	3.928	1.653		
	8000~9999 元	51	4.392	1.512		
	10000 元及以上	38	4.281	1.628		
美食感知	3000 元以下	47	4.516	1.987	0.869	0.482
	3000~5999 元	176	4.034	1.680		
	6000~7999 元	242	4.071	1.758		
	8000~9999 元	51	4.235	1.578		
	10000 元及以上	38	4.237	1.668		
替代性怀旧	3000 元以下	47	4.766	1.499	1.717	0.145
	3000~5999 元	176	4.406	1.610		
	6000~7999 元	242	4.185	1.592		
	8000~9999 元	51	4.162	1.661		
	10000 元及以上	38	4.112	1.722		
积极情感	3000 元以下	47	3.473	1.566	1.134	0.340
	3000~5999 元	176	3.636	1.508		
	6000~7999 元	242	3.569	1.544		
	8000~9999 元	51	4.010	1.423		
	10000 元及以上	38	3.789	1.329		

续表

维度	类别	个数	均值	标准偏差	F	P
消极情感	3000 元以下	47	4.122	1.592	1.154	0.330
	3000~5999 元	176	3.959	1.551		
	6000~7999 元	242	4.059	1.524		
	8000~9999 元	51	3.804	1.495		
	10000 元及以上	38	3.546	1.866		
探新求异	3000 元以下	47	4.346	1.483	1.249	0.289
	3000~5999 元	176	4.163	1.497		
	6000~7999 元	242	4.026	1.603		
	8000~9999 元	51	3.804	1.536		
	10000 元及以上	38	3.783	1.775		
文化距离	3000 元以下	47	4.250	1.696	0.595	0.666
	3000~5999 元	176	4.217	1.461		
	6000~7999 元	242	4.352	1.537		
	8000~9999 元	51	4.093	1.341		
	10000 元及以上	38	4.493	1.643		
重购意愿	3000 元以下	47	4.170	1.429	0.314	0.869
	3000~5999 元	176	4.206	1.505		
	6000~7999 元	242	4.081	1.543		
	8000~9999 元	51	3.980	1.478		
	10000 元及以上	38	4.175	1.561		

图表来源：研究运算所得。

4.8.6 是否到过长沙文和友分组变量的方差分析

在之前是否到过长沙文和友题项中，重购意愿具有鲜明的显著性，为0.019。其余维度在本题项上无差异。就两类人群的重购意愿看，曾到访过长沙文和友的青年群体重购意愿要高于未到访者（4.371>4.034），其细分维度具体呈现在表 4-35 中。

表 4-35　以前是否到过长沙文和友的方差分析

维度	类别	个数	均值	标准偏差	F	P
文化感知	未去过	403	4.169	1.586	0.532	0.466
	去过	151	4.063	1.366		
氛围感知	未去过	403	4.084	1.598	0.691	0.406
	去过	151	4.212	1.635		
美食感知	未去过	403	4.099	1.765	0.308	0.579
	去过	151	4.190	1.644		
替代性怀旧	未去过	403	4.315	1.588	0.180	0.672
	去过	151	4.250	1.672		
积极情感	未去过	403	3.647	1.509	0.052	0.820
	去过	151	3.614	1.520		
消极情感	未去过	403	3.927	1.543	1.341	0.247
	去过	151	4.099	1.609		
探新求异	未去过	403	4.044	1.566	0.145	0.704
	去过	151	4.101	1.576		
文化距离	未去过	403	4.246	1.556	1.044	0.307
	去过	151	4.394	1.402		
重购意愿	未去过	403	4.034	1.497	5.492	0.019
	去过	151	4.371	1.535		

图表来源：研究运算所得。

第五章
研究结论与展望

年轻人在好奇、接受和发展中更愿意尝试新鲜事物。中国年青一代消费者对饮食提出了更高的需求，食的功能已不再局限于饱腹，注重味蕾享受以及追求精神满足正成为这一群体的共性向往。2023 年至今，淄博烧烤、天水麻辣烫、百年螺蛳粉、黄河大集、老北京味道等美食话题迅速出圈，品茗美食成为当红不让的"C 位主角"，频频被赋予拉动经济复苏的重任。当更看重出行性价比和个性体验的青年成为消费主力军时，越来越多的非传统旅游目的地也看到了通过年轻人的身影"出圈"的可能性。一系列案例证明，青年人的替代性怀旧情绪被美食文化、非遗文化、地方历史、建筑遗存等场景唤起，"餐饮＋""怀旧＋"等跨业态联动场景日益成为目的地规避同质化竞争、提升消费性价比的重要手段。基于实证结果的反馈,本章不仅对研究结论进行总结，也从展望启示视角为从业者和目的地管理者提供一条"从流量到留量""从破圈到出圈""从网红到长红"的怀旧餐厅打造路径。

5.1 结果分析

研究聚焦青年群体在怀旧餐厅情境下的消费行为，对体验真实性、替代性怀旧、重购意愿等相关变量涉及的文献进行综合梳理与回顾。并以此为基础，基于成熟的情绪唤醒理论及认知评价理论，系统提出研究模型。以四个变量（真实性体验、感知价值、替代性怀旧、重购意愿）提出青年美食体验群体在变量各维度之间的理论假设。进一步借鉴现有研究成果并结合前测

（Pilot testing）发展测量工具，按照便利抽样的方式借助问卷调查工具获取数据。研究通过 SPSS 22.0 与 Mplus 软件开展数据的描述分析、信度分析和方差分析、验证性因子分析、效度分析、结构方程分析、中介效应分析和调节效应分析，厘清了真实性感知、怀旧情感中的替代性怀旧对青年消费者重购意愿的影响机制，并就整体互动演化过程做出清晰的刻画。实证结果表明，研究理论模型设定合理，数据模型与理论模型之间有着较高拟合度。基于实证检验得到的结果可以归纳为下述三个方面。

5.1.1 真实性对感知价值的结论分析

真实性感知为自变量的结果中 P<0.001，标准化回归系数为 0.179，表明真实性感知对替代性怀旧有正向促进作用，即真实性感知程度越高，替代性怀旧感触越深。与此同时，替代性怀旧为自变量，积极情绪和消极情绪均为因变量的结果中 P<0.001，标准化回归系数分别为 0.203 与 0.150，表明替代性怀旧对积极情绪和消极情绪均存在正向促进作用，即替代性怀旧感触越深，情绪程度越深。就消极情绪和积极情绪比较分析来看，替代性怀旧对积极情绪的影响大于对消极情绪的影响（0.203 > 0.150）。就重购意愿维度分析，积极情绪、消极情绪、替代性怀旧、真实性感知程度越深，重购意愿越强烈。从标准化回归系数大小看，积极情绪对重购意愿的影响大于对消极情绪的影响。

5.1.2 体验真实性对重购意愿影响的结论分析

研究实证了替代性怀旧和积极情绪作为双重中介变量的中介效应。与替代性怀旧为中介变量的中介效应相比，替代性怀旧和积极情绪作为双重中介变量的中介效应在强度上并无差异。就调节效应来看，在怀旧餐厅的消费行为中，探新求异负向调节了真实性感知与替代性怀旧之间的关系。当探新求异增加一个单位，真实性感知与替代性怀旧的正向关系减少 0.061 个单位。真实性感知对文化距离的实证结果不显著，揭示了文化距离对真实性感知与替代性怀旧并不存在调节作用。

5.1.3 人口统计变量的结论分析

研究发现，不同性别的文化感知和重购意愿显著性分别为 0.016 和 0.026，表明不同性别的消费者的差异具有显著性，其余维度在性别上无差异。文化感知维度中，男性均值高于女性（4.283>3.970），表明男性相较于女性对于文化具备较高的感知度。与之类同的，男性对怀旧餐厅的重购意愿也显著高于女性（4.257>3.970）。比较年龄和婚姻两个维度，婚姻状况在各维度中的差异均不显著。值得一提的是，无论处于哪一细分年龄区间，全龄段的青年消费者对文化感知、氛围感知、美食感知、替代性怀旧、积极情感、探新求异等维度的方差分析结果均显著。结合重组结果比较，无论是文化感知维度，抑或氛围感知维度、美食感知维度、替代性怀旧维度，18~23岁组均显著高于其他组别。与之类似的，在积极情感维度与探新求异维度上，18~23岁组也呈现较高的活跃度。这与"90后"和"00后"渐成出游主力，特种兵式出游火遍大江南北等文旅消费新趋势不谋而合。相较于收入不显著的实证结果，不同文化程度在氛围感知、美食感知的实证结果中均显著。此外，曾经去过文和友的被访者重购意愿高于未去过者。

5.2 研究讨论

怀旧消费依然是一个处于成长初期的议题，借助全球化与本土化视角探讨怀旧消费空间的构建机制的研究在中国还很少见。与以往成果相比，本研究证实了直接套用西方研究成果去理解文和友一类的中国怀旧餐厅"热潮"并不完全合适。从怀旧消费场景的微观层面给予经营实践及消费者感知方面的研究，是本研究与既往学研成果尤其是西方学术界实证研究的差异之处。

首先，文和友长沙海信广场店通过对当地真实旧物异地造景的手法，使得青年消费者的怀旧感扑面而来。消费者在怀旧餐厅中并不介意空间是否原真，他们以自我身体感官的介入获得了主观真实。研究通过对文化距离、探新求异等调节变量的设置，佐证了Tanford和John（2019）的观点，即怀旧餐厅对在地文化的重组和建构为消费者提供了更为多元的"符号意义"与社会文化价值。此外，体验真实与真假并不相关。本研究有效支撑了Reisinger和Steiner（2006）、Rickly和Jillian（2013）的体验的真实性与到访的物理空间并无直接关联的结论。

其次，年轻消费群体在长沙文和友海信广场店中实现了自我与场景的双重共情。尽管受访者的性格、年龄、收入、婚姻等情况各不相同，中国的青年消费者依赖时空错位的场景布置，弥补了缺失的地方意义感。本研究发现青年男性消费者对于怀旧餐厅有着愈加强烈的认同感和亲切感，主观意愿上也更加乐于通过记忆的联想弥补缺失的地方意义感。这与吴少峰等（2024）的研究结论不谋而合。上述结论也与 Yeoman 等（2023）对女性背包客群体与欧洲主流旅游目的地的老字号餐厅互动关系研究高度一致。不过，就跨文化的比较研究来看，本研究相较于 Yeoman 等的学术成果更进了一步，长沙文和友这一更为微观的空间载体实证了传统山川自然类的资源并不是吸引游客与消费者的必然路径，哪怕是非传统旅游目的地，也可以通过在地文化的挖掘获得竞争优势。较之 Sidali 等（2015）与 Robinson 等（2016）的成果更进一步，本研究的实证也提示怀旧餐厅的从业者在弘扬在地文化和选定怀旧主题的阶段，为了推动青年消费者更有效地获得人际真实性，应有差别地进行自我与场景的双重共情。最后在曾经到访和首次到访的方差分析中，两类人群在真实性感知、替代性怀旧、积极/消极情感、探新求异、文化距离维度差异方面无显著性，仅在重购意愿方面显著。结果也验证了是否曾经到访仅会影响重购意愿，多次到访者重购意愿高于首次到访者。这也证明了本次研究中人群选择策略的正确性，同时提示了本次研究的怀旧情感并非个人怀旧。

再次，与以往研究较少探讨焦虑感、失落感等负向情感影响不同的是，本研究回应了到访怀旧餐厅的消费者情感波动是复杂多元的现状。青年消费者既可以感到快乐、感激、温暖、鼓舞和伤感，也会感到抑郁、焦虑、悲伤、烦恼和失落。从"真实性感知—替代性怀旧—消极情绪—重购意愿"相对不显著的中介效应路径上可以看出，美食消费与文化想象力的生产高度相关（Robinson 和 Clifford，2012）。不过，怀旧餐厅要更加注重抚慰消费者在美食体验过程中的乡愁和焦虑。

最后，青年消费者在长沙文和友中重返旧时市井人情的体验是典型的理解"他人的回忆"，替代性怀旧能够显著增进其文化认同和人际真实。不过，这类体验是小众的情感认同，与博物馆游历、音乐节狂欢、节事体验等共睦状态有着较大不同。正如海德格尔的存在真实中所隐含的社区关系观点，他认为真实并不在路上，而是在社区和家中（吴少峰等，2024）。当周遭环境变得日趋陌生，人们通过构建的替代现实来寻求真实自我与人际关系（傅才武与王异凡，2021）。

5.3 理论贡献

本研究延续了既有学研的逻辑进路，更为合理地设计并利用怀旧餐厅这一载体，不仅考量了人口统计学差异，更从情绪视角证明了美食是一种特殊的吸引物，具备催化资源吸引力与竞争力的价值。从理论价值看，体现在以下四个方面。

首先，纵深了中国情境下的怀旧消费研究。目前西方研究主要集中在以下几个维度：消费者怀旧的概念和定义研究、动机诱因研究以及消费偏好、消费意愿与行为研究。在研究范式上，西方学者更侧重实证研究，得出一些颇有借鉴意义的学术成果。但就研究的深度和广度而言，怀旧消费研究依然是一个新兴领域，体现在研究成果相对分散，体系化程度较低，尚未形成成熟的理论框架。在怀旧消费的本体研究和相关领域的应用研究方面，仍存在很大的研究空白。在国内，消费者怀旧研究大多在西学东渐的改良路径下进行，基于中国文化背景的消费者怀旧倾向测量与消费意愿的关系研究十分匮乏。本研究改变了从传统餐厅场景下的照搬借鉴方式，从替代性怀旧的细分视角对新兴的怀旧餐厅展开了实证研究，扩充了中国视角下的学术成果。这也是后续研究应着力攻关的方面。

其次，强化了中国情境下替代性怀旧的量化实证。本次研究中，在问卷的设计和结构验证中，根据检验标准，把原本的 PC4 条目"我想象我在那个简单纯粹的时代"和 PC6 条目"我想象我在那个简单纯粹的时代"进行排除。PC4 条目被排除的原因可能是题干过于设定化和过于指定性，具有暗示受访对象过去时代为"简单纯粹"，而排除 PC6 条目的可能原因是，题干偏向个人怀旧而非替代性怀旧，因此问卷题干的筛选结果也符合本次研究的对于怀旧情感的定义和宗旨。

再次，我国学者的成果大多集中于消费者怀旧行为影响因素、量表开发、运用西方研究成果构建理论模型等方面。从以怀旧餐厅为代表的微观消费空间进行的深入研究亦不多见。2024 年春，在北京出现了"美式中餐"开回中国，年轻留学生扎堆探店"怀旧"的现象。这一消费趋势，彰显了学术如何兼顾东西方之间、不同城市之间、不同年龄人群之间的文化距离客观性诉求。关于如何识别探新求异的出游动机对怀旧情感影响的多元性，目前已有的真实性感知、怀旧情感对重游复购行为的研究尚不能解释。尤其是，大部分实证研究缺乏结合中介变量和调节变量对影响效应的分析。因此，本研究通过区分怀旧类型，从替代性怀旧视角对青年消费者在怀旧餐厅中的消费行为展开实证，这不失为理论的创新性探索。

最后，明晰了怀旧心理影响行为决策的机理。正如黄颖华与黄福才（2007）指出，游客感知价值是游客在旅游中消费某一产品或者服务而获得的感知效用,是消费决策的重要动因。由此他们构建了相对精准的"感知价值"量化模型,清晰地指出感知情感与非货币成本也是消费者感知价值的重要维度。目前的焦点研究集中在消费者怀旧心理的作用和影响方面,对于怀旧心理如何影响消费者的购买意愿和行为决策的过程和机理的研究相对单薄。本研究聚焦青年消费者的怀旧体验研究,做了理论视角上的实证创新。

5.4 管理启示

透过怀旧餐厅赋能地方经济社会发展,是外来消费者和本地居民喜闻乐见的方式。原因不仅在于文化和美食的双向互动可以增进旅游者对目的地的理解,更重要的是,怀旧餐厅为年轻一代消费者提供了一个主客共享的文化交融空间。对旅游业而言,回不到过去那种标准化作业场景已是业界的共识。个性化、质量化、多样化的消费需求成为旅游资源的定义者,街区、商圈、餐厅甚至"公园 20 分钟效应",都为消费者提供了情绪价值的新体验。现今的消费者可能不会去很远的地方或者是传统的旅游景区,但是会到更高频的造访叠加美好生活的场景中去。从风景到场景,怀旧餐厅正迎来新的发展实践与发展的黄金期。由此申言之,以超级文和友为代表的怀旧餐厅研究为目的地高质量发展以及体量庞大的餐饮业迭代升级指明了方向。其实践启示有以下四点。

(1)夯实美食产业基础,拉长社会经济发展第二曲线。传承不忘本,创新不过分。再好的推广,也抵挡不住大失所望的冲击。要凝心聚力地在"食如其闻"上下苦功,坚守好吃的底层逻辑——最熟悉、最可口的味道。在确保食物质量与口碑这一核心"质素"的前提下,吸收并发扬广东"寻味顺德"、陕西"陕菜探秘之旅"、日本轻井泽"风景中的商务"经验,从产业视角传播"怀旧味",在不断迭代富有仪式感的怀旧环境的同时将怀旧餐厅打造为讲好文化故事、助推城市发展的引擎。另外,要前瞻性地理解青年消费者的"他人的回忆"。

情感波动是复杂多元的现状。怀旧餐厅中的青年消费者既可以感到快乐、感激、温暖、鼓舞和伤感,也会感到抑郁、焦虑、悲伤、烦恼和失落。那么,怀旧餐厅在经营中应更加注重抚慰消费者在体验中的乡愁和焦虑,主打"失去的才是最美好的"氛围,进一步启动苦乐参半的时代价值。

(2)打磨怀旧餐厅细节,依托"微改造、精提升"实现价值。美食是高频的消费场景,随着绿色消费理念在中产阶层中日益普及,餐厅应该成为承载消费理念和塑造消费方式的中心，而不是简单的功能聚合中心。从场域看，要着眼于广袤的中国农村大地，紧扣文旅融合时代消费者奔赴乡村怀旧的特征，让散布在乡村的美食场景成为人人都有摄像机时代的"高光时刻"，持续提升怀旧餐厅的美誉度。在传播推广中，要紧扣青年消费群体的特征，以参与式共创优化传播渠道与内容。研究已证实了怀旧餐厅仅是依赖传播内容的优化或许难以受到青年一代消费者的青睐，因此，经营者可以依赖打卡、晒图、积分等工具类活动形式，持续将怀旧餐厅空间中的互动可视化、沉浸化，更好地启动其生产内容的潜能，提高群体赋能美食产业的可行性，让更多的"意见领袖"成为传播美食文化的使者。不过，目前衡量怀旧餐厅的核心数据依然是接待人次、翻台率等纯数据导向式。但对于微观消费空间来说，消费者数量的无限制增加导致的长时间排队、秩序混乱、饭菜质量下降等问题不再是能被青年消费者接受的一个选项。经营者在制定发展策略和管理措施时，应着重考虑承载力和消费体验感。

（3）增强消费向好趋势，优化怀旧餐饮发展环境。怀旧餐厅消费是一场感受、品茗在地饮食文化的体验之旅。当下，应重点提升文化和旅游产业的投资信心，扩大文旅项目有效投资。通过项目储备与项目优先发展库的"组合拳"，进一步发挥中国国有资本的"握指成拳"优势，通过地区文旅集团整合地区文旅资源、盘活文旅资产，与社会资本形成"聚沙成塔"的文化消费导向的开发模式。作为政府，要重视怀旧餐厅为代表的美食开发对城市美誉度、城市品牌和百姓生活获得感的价值，将文化保护与美食消费有效融合，统筹推进一体化实施区域文商旅体深度融合项目，推动沉浸式业态与城市公共空间、特色街区、文旅项目等的有机融合。就路径看，目的地应愈加注重在地美食业态的布局，要积极迭代升级散落在街区、综合体、景区、乡村建设中的餐厅，延展怀旧的界定边界。建议通过一张怀旧餐厅地图、一套怀旧美食视频、一份地方美食榜单、一群美食达人，讲好舌尖上的美食文化故事。怀旧餐厅业者应大力嫁接自然观光、文化展览、休闲购物、非遗体验、运动度假、农事体验等自成体系的产品业态，将怀旧餐厅与旅游娱乐融为一体，满足消费者对小吃、快餐、正餐的多维体验诉求。在监管方面，建议目的地加快形成合力，极力打造"怀旧美食"放心消费场所，通过强化监督管理，从原料供应、烹饪制作、质量把控等方面，加强食品安全监督管理。

（4）构筑立体营销渠道，打造形象鲜明的怀旧餐厅品牌。美食旅游品牌复杂繁芜，是跨行业、跨部门、跨组织、跨业态的多跨场景集成。从文和友怀旧餐厅的实证来看，单兵作战的发展模式已不可取，只有多主体抱团发展方能加快在地怀旧餐厅品牌的确立。因此，应积极厘清美食旅游目的地中的利益相关者诉求，充分发挥餐饮协会的作用，集结民间厨艺大师、非遗工艺传承人、美食达人、传统老字号、市井美食店家等怀旧餐厅的经营主体，打造有辨识度的宣传推广素材库。另外，要整合大众媒体平台和自媒体传播渠道，与美食点评网站和短视频网站深度合作，在主动配置营销通路的过程中主动获得正面口碑。一个可循的方案是，以影视传播赋能怀旧消费升级。世界各地许多旅游胜地巧妙地在电影和电视作品中植入美景、标志性地点、特色节庆活动以及美食制作过程，将美食体验包装成到此一游的必要因素。以经典爱情电影《罗马假日》为例，奥黛丽·赫本的优雅形象与罗马棕榈冰激凌店的迷人风情相得益彰，成为 2019 年最受中国游客青睐的美食胜地。无独有偶，国内热播的《白鹿原》《寻味顺德》《舌尖上的中国》《风味人间》《人生一串》《锋味》等节目也为各地旅游目的地带来了巨大的人气，为包括怀旧餐厅在内的餐饮业提供了宝贵的借鉴和启示。最后，怀旧情感多元且与多次到访高度相关，建议借鉴限制性营销，充分启动消费群体的"欲望"。"限制性营销"（De-Marketing）是减少特定目标群体对某种产品的需求的广告策略。一个典型的案例是荷兰旅游胜地——阿姆斯特丹。2024 年，阿姆斯特丹不再允许新建酒店并限制到访游客数量。此举大幅提升了阿姆斯特丹的知名度，并有效提升了游客在该市的消费水平。

（5）启动情绪消费价值，通过集体认同满足情感需求。"数字土著"是青年消费者鲜明的身份标签，并逐步成为现象级的文化圈。一方面，数字化助推了各种小众文化圈扩张，以此形成的数字鸿沟给群体间带来了疏离感。另一方面，社会快速变革也为青年消费群体带来了现实的生存压力。De 和 Davis（2023）指出，集体记忆作为一种怀旧资源，扮演着维护和强化身份认同的角色。在研究已实证怀旧餐厅为消费者提供更为多元的"符号意义"与社会文化价值的背景下，要进一步强化怀旧餐厅所构建的"真实地点"和"想象地点"交集，通过寺庙咖啡、中医药茶饮、街坊小食等品类的迭代，不断扩大其集体身份认同的利器作用。因此，一方面，建议充分利用"Z 世代互联网原住民"的身份，更加关注青年群体中的动圈层文化和群体身份，通过持续的在线或线下活动，支持和激励群体对怀旧餐厅的认同感和归属感。另一方面，紧扣青年男性消费者对于怀旧餐厅有着愈加强烈认同感和亲切感的现实，通过时尚＋旅游、音乐＋旅游、体育＋旅游等深度体验业态激发其缺失的地方意义感。

5.5 研究局限

　　美食不仅能够展现当地文化和历史，还兼具体验性，是休闲生活的重要分支。本研究从消费体验的视角给出了怀旧餐厅成为一地经济社会发展重要载体的实证探索。如前所述，本研究的亮点是替代性怀旧的模型建构及运用。正因如此，研究在说明个人怀旧和替代性怀旧区别的基础上，将怀旧情感的角度界定为替代性怀旧来呈现。展望未来，作为一个新兴且十分值得深入分析的新领域，如何有效开发替代性怀旧测量量表，使得未来的研究能够更为精准地量化怀旧餐厅唤起的替代性怀旧或相关怀旧情绪，这是怀旧研究值得纵深开展的新话题。此外，既有成果已经发现到访怀旧餐厅的消费者可以感到快乐、感激、温暖、鼓舞和伤感，但他们也会在一次经历中感到抑郁、焦虑、悲伤、烦恼和失落。那么，如何从心理认知这一深层次维度来解析怀旧体验的混合情感特征，本研究做了一定的实证探索。但是，明晰怀旧心理影响行为决策的机理过程，需要更为丰富的实证成果支撑。换言之，本研究在复杂情绪的程度量化和界定方面还有较大提升空间，这亦可称为一个新的选题切入点。最后，本次研究中的怀旧更多是激发青年消费群体不曾经历的记忆，基于怀旧餐厅中文化产品或其他人的叙述来构建对过去的美好回忆和情感的依恋。因此，如何更为客观地就个人怀旧和替代性怀旧做区分，抑或通过实证给出个人怀旧有别于替代性的差异性分析，这也成为后续研究可纵深的方向。

参考文献

[1] Abascal, T. E. (2019). Indigenous tourism in Australia: understanding the link between cultural heritage and intention to participate using the means–end chain theory. Journal of Heritage Tourism, 14 (3), 263–281.

[2] Afshardoost, M., & Eshaghi, M. S. (2020). Destination image and tourist behavioural intentions: A meta–analysis. Tourism Management, 81 (Dec), 104–114.

[3] Afshardoost, M., & Eshaghi, M. S. (2020). Destination image and tourist behavioural intentions: A meta–analysis. Tourism Management, 81 (Dec), 104–154.

[4] Agnew, J.A. (1987). Place and Politics: the geographical mediation of state and society. Progress in Human Geography, 27 (5), 605–614.

[5] Agnew, R. (1999). A general strain theory of community differences in crime rates. Journal of Research in Crime and Delinquency, 36 (2), 123–155.

[6] Antwi Samuel. (2021). "I just like this e–Retailer": Understanding online consumers repurchase intention from relationship quality perspective. Journal of Retailing and Consumer Services, 61, 1051–1059.

[7] Andriotis, K. (2019). Sacred site experience, a phenomenological study. Annals of Tourism Research, 36 (1), 64–84.

[8] Appadurai, A. (1996). Modernity at Large: Cultural Dimensions of Globalization. Minneapolis, MN: University of Minnesota Press.

[9] Alvesson, M., & Einola, K. (2019): Warning for excessive positivity:

Authentic leadership and other traps in leadership studies. The Leadership Quarterly, 30（4）, 383–395.

[10] Alfaro, M. J. M.（1996）. Intertextuality, origins and development of the concept. Annals of Tourism Research, 10（4）, 497–513.

[11] Bachelor, A.（1995）. Clients' perception of the therapeutic alliance: A qualitative analysis. Journal of Counseling Psychology, 42（3）, 323–337.

[12] Bartier, A.L., & Friedman, M.（2013）. "Nostalgia Evoked by Brands: A First Step Towards Scale Development and Validation", Ideas in Marketing: Finding the New and Polishing the Old, ed. Krzysztof Kubacki, Proceedings of the 2013 Academy of Marketing Science（AMS）Annual Conference, 392–392.

[13] Belisle, F. J.（1983）. Tourism and food production in the Caribbean [Electronic version]. Annals of Tourism Research, 10（4）, 497–513.

[14] Bergs, Y., Mitas, O., Smit, B, & Nawijn, J.（2020）. Anticipatory nostalgia in experience design. Current Issues Tourism, 10, 23–28.

[15] Bijmolt, H.A., Tammo, K.R.E., Huizingh, E., & Krawczyk, A.（2014）. Effects of complaint behaviour and service recovery satisfaction on consumer intentions to repurchase on the internet. Internet Research, 24（5）, 108–120.

[16] Bisby, J. A., & Burgess, N.（2014）. Negative affect impairs associative memory but not item memory. Learning and Memory, 21（1）, 21–27.

[17] Boniface, P.（2017）. Tasting tourism, Travelling for food and drink. London: Routledge.

[18] Boorstin, D. J.（1992）. The image: A guide to pseudo–events in America. New York: Vintage Books.

[19] Bonn, M. A., Cho, M., Lee, J. J., & Kim, J. H.（2016）. A multilevel analysis of the effects of wine destination attributes on travel constraints and revisit intention. International Journal of Contemporary Hospitality Management, 28（11）, 2399–2421.

[20] Bruner, E. M.（1994）. Abraham Lincoln as authentic reproduction: A critique of postmodernism. American Anthropologist, 96（2）, 397 – 415.

[21] Burgess, R., Colquitt, J. A., & Long, E. C.（2022）. Longing for the Road not Taken: The Affective and Behavioral Consequences of Forgone Identity Dwelling. Academy of Management Journal, 65（1）, 93–118.

[22] Buzova, D., Cervera–Taulet, A., & Sanz–Blas, S.（2020）. Exploring

multisensory place experiences through cruise blog analysis. Psychology and Marketing, 37（1）, 131–140.

[23] Buzova, D., Sanz–Blas, S., & Cervera–Taulet, A. （2021）. "Sensing" the destination: Development of the destination sensescape index. Tourism Management, 87, 104–162.

[24] Buzova, D., Cervera–Taulet, A., & Sanz–Blas, S. （2020）. Exploring multisensory place experiences through cruise blog analysis. Psychology and Marketing, 37（1）, 131–140.

[25] Caplan, J. B., Sommer, T., Madan, C. R., & Fujiwara, E. （2019）. Reduced associative memory for negative information: Impact of confidence and interactive imagery during study. Cognition and Emotion, 33（8）, 1745–1753.

[26] Caton, K., & Santos, C. A. （2007）. Heritage Tourism on Route 66: Deconstructing Nostalgia. Journal of Travel Research, 45（4）, 371–386.

[27] Chung, J. Y., Kim, J. S., Lee, C. K., & Kim, M. J. （2018）. Slow–food–seeking behaviour, authentic experience, and perceived slow value of a slow–life festival. Current Issues in Tourism, 21（2）, 123–127.

[28] Cho, H., Tan, K.M., & Chiu, W. （2021）. Will I be back? Evoking nostalgia through college students memorable exchange programme experiences. Tourism Review, 17, 76–81+410.

[29] Chang, M., Kim, J. H. & Kim, D. （2018）. The effect of food tourism behavior on food festival visitor's revisit intention. Sustainability, 10（10）, 3534.

[30] Chi, O.H., & Chi, C.G. （2022）. Reminiscing Other People's Memories: Conceptualizing and Measuring Vicarious Nostalgia Evoked by Heritage Tourism. Journal of Travel Research, 61（1）, 33–49.

[31] Cho, H., Lee, H.W., Moore, D.W., Norman, W.C., & Ramshaw, G. （2017）. A multilevel approach to scale development in sport tourist nostalgia. Journal of Travel Research, 56（8）, 1094–1106.

[32] Cho, H. （2021）. How nostalgia forges place attachment and revisit intention: a moderated mediation model. Market intelligent Planning, 7, 39, 870.

[33] Chung, J. Y., Kim, J. S., Lee, C. K., & Kim, M. J. （2018）. Slow–food–seeking behaviour, authentic experience, and perceived slow value of a slow–life festival. Current Issues in Tourism, 21（2）, 123–127.

[34] Cheung, W.Y., Hepper, E.G., Reid, C.A., Green, J.D., Wildschut, T.,

& Sedikides, C. （2020）. Anticipated nostalgia: looking forward to looking back. Cognition and Emotion, 34（3）, 511–525.

[35] Cohen, E. （1979）. A phenomenology of tourist experiences. Sociology, 13（2）, 179–201.

[36] Cohen, E. （1988）. Authenticity and commoditization in tourism. Annals of Tourism Research, 15, 371–386.

[37] Cohen, E., & Avieli, N. （2004）. Food in tourism, Attraction and impediment. Annals of Tourism Research, 31（4）, 755–778.

[38] Davis, F. （1979）. Yearning For Yesterday: a Sociology of Nostalgia. Free Press.

[39] Davis, D. F. & Herry, P. M. （2014）. From Bye to Buy: Homophones as a Phonological Route to Priming Author（s）. Journal of Consumer Research 40（6）, 1063–1077.

[40] Davidson, R. J. （2004）. Affective style: Causes and consequences. In J. T. Cacioppo & G. G. Berntson （Eds.）, Essays in social neuroscience （pp. 77 – 91）. MIT Press.

[41] D'Argembeau, A., & van der Linden, M. （2004）. Influence of affective meaning on memory for contextual information. Emotion, 4（2）, 173–188.

[42] D'Argembeau, A., & van der Linden, M. （2005）. Influence of emotion on memory for temporal information. Emotion, 5（4）, 503–507.

[43] Desmet, P. T. M., De Cremer, D., & van Dijk, E. （2011a）. In money we trust? The use of financial compensations to repair trust in the aftermath of distributive harm. Organizational Behavior and Human Decision Processes, 114, 75–86.

[44] Desmet, P. T. M., De Cremer, D., & van Dijk, E. （2011b）. On the psychology of financial compensations to restore fairness transgressions: When intentions determine value. Journal of Business Ethics, 95, 105–115.

[45] Desmet, P. T. M., De Cremer, D., & van Dijk, E. （2011c）. Trust recovery following voluntary or forced financial compensations in the trust game: The role of trait forgiveness. Personality and Individual Differences, 51, 267–273.

[46] Desmet, P. M. A., & Schifferstein, H. N. J. （2008）. Sources of positive and negative emotions in food experience. Appetite, 50（2–3）, 290–301.

[47] Dom í nguez–Quintero, A. M., Gonz á lez–Rodr í guez, M. R., & Paddison, B. （2020）. The mediating role of experience quality on authenticity and satisfaction in the

context of cultural-heritage tourism. Current Issues in Tourism, 23（2）, 248-260.

[48] Echtner, C. M., & Ritchie, J. R. B.（1993）. The Measurement of Destination Image, An Empirical Assessment. Journal of Travel Research, 31（4）, 3-13.

[49] ECO, U.（1986）. Faith in fakes: travels in hyperreality. London: Minerva.

[50] Echtner, C. M., Ritchie, J. R. B.（1993）. The Measurement of Destination Image, An Empirical Assessment. Journal of Travel Research, 31（4）, 3-13.

[51] Ellis, A., Park, E., Kim, S., & Yeoman, I.（2018）. What is food tourism?. Tourism Management, 68, 250-263.

[52] Evan W, K., Duke, W., Liu, R.W., Hamilton, O., Amir, G., Appel, M.（2023）. What makes people happy? Decoupling the experiential - material continuum. Journal of Consumer Psychology, 33（1）, 97-106.

[53] Fairley, S., Gibson, H., Lamont, M.（2018）. Temporal manifestations of nostalgia: Le Tour de France. Annals of Tourism Research, 70, 120-130.

[54] Frijda, N. H.（1994）. Emotion and Adaptation-Lazarus, Rs. Cognition and Emotion 8（5）, 473-482.

[55] Fu, X.（2019）. Existential authenticity and destination loyalty: Evidence from heritage tourists. Journal of Destination Marketing & Management, 12, 78-88.

[56] Fu, Y., Liu, X., Wang, Y., & Chao, R. F.（2018）. How experiential consumption moderates the effects of souvenir authenticity on behavioral intention through perceived value. Tourism Management, 69, 356-367.

[57] Gausel, N., Leach, C. W., Vignoles, V. L., & Brown, R.（2012）. Defend or Repair? Explaining Responses to In-group Moral Failure by Disentangling Feelings of Shame, Rejection, and Inferiority. Journal of Personality and Social Psychology, 102（5）, 941.

[58] Garrido, S.（2018）. The influence of personality and coping style on the affective outcomes of nostalgia: Is nostalgia a healthy coping mechanism or rumination? Personality and Individual Differences, 120, 259-264. https://doi.org/10.1016/j.paid.2016.07.021

[59] Geddes, D., & Callister, R. R.（2007）. Crossing the Line（S）: A Dual Threshold Model of Anger in Organizations. Academy of Management Review, 32（3）, 721-746.

[60] Gorji M, Sahar Siami.（2020）. How sales promotion display affects

customer shopping intentions in retails. International Journal of Retail & Distribution Management, ahead-of-print (ahead-of-print).

[61] Gottfredson, R. K., Wright, S. L., & Heaphy, E. D. (2020). A critique of the leader-member exchange construct: Back to square one. The Leadership Quarterly, 31 (6), 101385.

[62] Goulding, C. (1999). Consumer research, interpretive paradigms and methodological ambiguities. European Journal of Marketing, 33 (9-10), 859-873.

[63] Goulding, C. (2002). An Exploratory Study of Age-Related Vicarious Nostalgia and Aesthetic Consumption. Advances in Consumer Research, 29, 542-546.

[64] Gotow, N., Nagai, Y., Taguchi, T., Kino, Y., Ogino, H., & Kobayakawa, T. (2022). Nostalgia evocation through seasonality-conscious purchasing behavior revealed by online survey using vegetable names. Scientific Reports, 12 (1), 5568.

[65] Grebosz-Krawczyk, M. (2018). The impact of nostalgic feelings on an evaluation of brands' perceived quality [ed]. 27th International Scientific Conference on Economic and Social Development - Rome, (1-2 March): 392-401.

[66] Gross, M. J. & Brown, G. (2006). Tourism experiences in a lifestyle destination setting, The roles of involvement and place attachment. Journal of Business Research, 59 (6), 696-700.

[67] Halbwachs, M. (1950). La mémoire collective. [The collective memory]. Presses Universitaires de France.

[68] Han, J.H., & Bae, S.Y. (2022). Roles of authenticity and nostalgia in cultural heritage tourists travel experience sharing behavior on social media. Asia Pacific Tourism Research, 20, 27-41.

[69] Havlena, W.J., Holak, S.L. (1996). Exploring nostalgia imagery through the use of consumer collages. Advances in Consumer Research, 23 (1):35-42.

[70] Harris, A.A.A.L., Romer, E.K., Hanna, L.A., Keeling, K.S., LaBar, W., Sinnott-Armstrong, N.L. Zucker. (2019). The central role of disgust in disorders of food avoidance. International Journal of Eating Disorders, 52 (5), 543-553.

[71] Han, H., & Hyun, S.S. (2015). Customer retention in the medical tourism industry: Impact of quality, satisfaction, trust, and price reasonableness. Tourism

Management, 46（3）, 20-29.

[72] Hendrik, N.J. Schifferstein, Mailin-Lemke., Gijs, H.（2023）. Food in motion: Lively display of freshness or last spasms of living beings? Food and Humanity, 1, 391-403.

[73] Hepper, E. G., Wildschut, T., Sedikides, C., Robertson, S., & Routledge, C.（2021）. Time capsule: Nostalgia shields wellbeing from limited time horizons. Emotion, 21（3）, 644-664.

[74] Holak, S.L, Matveev, A.V., Havlena, W.J.（2007）. Nostalgia in post-socialist Russia: exploring applications to advertising strategy. Journal of Business Research, 7, 60-65.

[75] Holbrook, M.B., & Schindler, R.M.（2003）. Nostalgic bonding: exploring the role of nostalgia in the consumption experience. Journal of Consumer Behavior, 3（2）, 107-127.

[76] Holbrook, M.B., & Schindler, R.M.（1994）. Age, sex, and attitude toward the past as predictors of consumers aesthetic tastes for cultural products. Journal of Marketing Research, 31（3）, 412-422.

[77] Holbrook, M.B.（1993）. Nostalgia and consumption preferences: some emerging patterns of consumer tastes. Journal of Consumer Research, 20（2）, 245-256.

[78] Hull, C. L.（1931）. Goal attraction and directing ideas conceived as habit phenomena. Psychological Review, 38（6）:487.

[79] Hu, Y., & Xu, S.（2021）. Memorability of a previous travel experience and revisit intention: the three-way interaction of nostalgia, perceived disappointment risk and extent of change. Destination Marketing Management, 20, 104.

[80] James, W. Pennebaker.（2018）. 书写的疗愈力量. 北京：机械工业出版社.

[81] Jeffrey, L. C., Moras, C. A. D. R., Tait, S. G., Johnston, M., Call, J. Z., Sippo, N. C., Jeffrey, D., & Laicher-Edwards, D. T. M.（2023）. Large Methane Emissions From Tree Stems Complicate the Wetland Methane Budget. Proceedings of Machine Learning Research, 13, 89-103.

[82] Ji, K., & Ha H.Y.（2021）. An Empirical Test of Mobile Service Provider Promotions on Repurchase Intentions. Sustainability, 13（5）, 240-256.

[83] Jimenez-Barreto, J., Rubio, N., & Campo, S.（2020）. Destination brand authenticity: What an experiential simulacrum! A multigroup analysis of its

antecedents and outcomes through official online platforms. Tourism Management, 16, 78.

[84] Johnson-Laird, P. N., Byrne, R. M. J., & Tabossi, P. (1989). Reasoning by model: The case of multiple quantification. Psychological Review, 96 (4), 658-673.

[85] Josiam, B. M., Mattson, M. & Sullivan, P. (2004). The Historaunt, Heritage tourism at Mickey's Dining Car. Tourism Management, 25 (4), 453-461.

[86] Kaplan, H. A. (1987). The psychopathology of nostalgia. Psychoanalytic Review, 74, 465-486.

[87] Kashyap, R., & Bojanic, D. C. (2000). A Structural Analysis of Value, Quality, and Price Perceptions of Business and Leisure Travelers. Journal of Travel Research, 39 (1), 45-51.

[88] Kim, J. H., Song, H., & Youn, H. (2020). The chain of effects from authenticity cues to purchase intention: The role of emotions and restaurant image. International Journal of Hospitality Management, 13, 85.

[89] Kim, W.G., & Moon, Y.J. (2009). Customers' cognitive, emotional, and actionable response to the servicescape: a test of the moderating effect of the restaurant type. International Journal of Hospitality Management, 28 (1), 144-156.

[90] Kim, S., Kim, S (Sean)., & Petrick, J.F. (2019). The effect of film nostalgia on involvement, familiarity, and behavioral intentions. Journal of Travel Research, 58, 297-311.

[91] Kogut, B., & Singh, H. (1988). The Effect of National Culture on the Choice of Entry Model. Journal of International Business Studies, 19, 411-432.

[92] Kolar, T., & Zabkar, V. (2010). A consumer-based model of authenticity: An oxymoron or the foundation of cultural heritage marketing? Tourism Management, 31 (5), 652-664.

[93] Koopman, J., Rosen, C. C., Gabriel, A. S., Puranik, H., & Johnson, R. E. (2020). Why and for Whom Does the Pressure to Help Hurt Others? Affective and Cognitive Mechanisms Linking Helping Pressure to Workplace Deviance. Personnel Psychology, 73 (2), 333-362.

[94] Kolar, T., & Zabkar, V. (2010). A consumer-based model of authenticity: An oxymoron or the foundation of cultural heritage marketing? Tourism Management, 31 (5), 652-664.

[95] Kranzb ü hler, A.M., & Schifferstein, H.N.J.（2023）. The effect of meat-shaming on meat eaters' emotions and intentions to adapt behavior [Electronic version]. Food Quality and Preference, 107, 24–38.

[96] Kunze, F., & Boehm, S. A.（2015）. Age diversity and global teamwork: A future agenda for researchers and practitioners. In L. M. Finkelstein, D. M. Truxillo, F. Fraccaroli, & R. Kanfer（Eds.）, Facing the challenges of a multi-age workforce: A use-inspired approach, 27 – 49. Routledge/Taylor & Francis Group.

[97] Kwon, J., & Lee, H.（2020）. Why travel prolongs happiness: Longitudinal analysis using a latent growth model[Electronic version]. Tourism Management, 76, 34–50.

[98] Lee, K. J., Cho, S., Kim, E. K., & Hwang, S.（2020）. Do more leisure time and leisure repertoire make us happier? An investigation of the curvilinear relationships. Journal of Happiness Studies, 21（5）, 1727–1747.

[99] Lin, Y.C., & Liu, Y.C.（2018）. Deconstructing the internal structure of perceived authenticity for heritage tourism. Journal of Sustainable Tourism, 26（12）, 2134–2152.

[100] Lin, L.P., Huang S.C., & Ho, Y.C.（2020）. Could virtual reality effectively market slow travel in a heritage destination. Tourism Management, 8, 78.

[101] Lin, C. H., & Wang, W. C.（2012）. Effects of authenticity perception, hedonics, and perceived value on ceramic souvenir-repurchasing intention. Journal of Travel & Tourism Marketing, 29（8）, 779–795.

[102] Lisa, R.K.（1998）. Evaluating the Potential of Interactive Media through a New Lens: Search versus Experience Goods. Journal of Business Research, 41（3）, 195–203.

[103] Li, Y., Liu, T., & Chen, Y.W.（2024）. Effect of Service Recovery on Recovery Satisfaction and Behavior Intention: An Empirical Study on Clothing Product Online Shopping. In 2024IEEE International conference on industrial engineering and engineering management. Bangkok.

[104] Li, Y., Lu, C., Bogicevic, V., & Bujisic, M.（2019）. The effect of nostalgia on hotel brand attachment. International Journal of Contemporary Hospitality Management, 31（2）, 691–717.

[105] Lin, Y. C., & Liu, Y. C.（2018）. Deconstructing the internal structure of

perceived authenticity for heritage tourism. Journal of Sustainable Tourism, 26 (12), 2134-2152.

[106] Lupton, R. A., & Court, B. (1997). Customer portfolio development, Modeling destination adopters, in actives, and rejecters. Journal of Travel Research, 36 (1), 35-43.

[107] Luo, H., Yu, Y., & Wei, H. (2017). Impact of service recovery quality on consumers' repurchase intention: The moderating effect of customer relationship quality. In 14th International Conference on Service Systems and Service Management (ICSSSM). Bangkok.

[108] MacCannell, D. (1973). Staged authenticity: Arrangements of social space in tourist settings. In S. Williams (Ed.), Tourism: Critical concepts in the social sciences.

[109] Mather, M. (2007). Emotional arousal and memory binding: An object-based framework. Perspectives on Psychological Science, 2 (1), 33-52.

[110] Mather, M., Gorlick, M., & Nesmith, K. (2009). The limits of arousal's memory impairing effects on nearby information. The American journal of psychology, 122 (3), 349-369.

[111] Mather, M., & Nesmith, K. (2008). Arousal-enhanced location memory for pictures. Journal of memory and language, 58 (2), 449-464.

[112] Marchegiani, C., & Phau, I. (2010). Effects of personal nostalgic response intensity on cognitions, attitudes, and intentions. Journal of Research in Interactive Marketing, 4 (3), 241-256.

[113] McKechnie, G. E. (1977). The environmental response inventory in application. Environment and Behavior, 9 (2):255-276.

[114] Merchant, A., & Rose, G. M. (2013). Effects of AdvertisingEvoked Vicarious Nostalgia on Brand Heritage. Journal of Business Research, 66 (12): 19-25.

[115] Merchant, A., & Ford, J. (2008). Nostalgia and Giving to Charity: A Conceptual Framework for Discussion and Research. International Journal of Nonprofit and Voluntary Sector Marketing, 13 (1):13-30.

[116] Miao, M., Jalees, T., Zaman S. I., Khan S., Hanif N. A., & Javed M.K. (2022). The influence of e-customer satisfaction, e-trust and perceived value on consumer's repurchase intention in B2C e-commerce segment. Asia Pacific Journal of Marketing

and Logistics, 34（10）, 87–92.

[117] Neisser, U. （1988）. Five kinds of self–knowledge. Philosophical Psychology, 1（1）, 35–59.

[118] Nguyen, B., Leroy, H., Gill, C., & Simons, T. （2022）. Be yourself or adapt yourself? Authenticity, self–monitoring, behavioural integrity, and trust. Journal of Trust Research, 12（1）, 24–42.

[119] Nikolova, H., Lamberton, C., & Coleman, N.V. （2018）. Stranger danger: When and why consumer dyads behave less ethically than individuals. Journal of Consumer Research, 45, 90–108.

[120] Nunes, J. C., Ordanini, A., & Giambastiani, G. （2021）. The Concept of Authenticity: What It Means to Consumers. Journal of Marketing, 85（4）, 1–20.

[121] Oh, J.E., & Kim, K. J. （2020）. How nostalgic animations bring tourists to theme parks: the case of Hayao Miyazaki's works. Journal of Hospitality Tourism Management , 20, 45–46.

[122] Okumus, B., & Cetin, G. （2018）. Marketing Istanbul as a culinary destinationf. Journal of Destination Marketing & Management, 9, 340–346.

[123] Ordabayeva, N., & Fernandes, D. （2018）. Better or different? How political ideology shapes preferences for differentiation in the social hierarchy. Journal of Consumer Research, 45（2）, 227–250.

[124] Oscar, H. C., Christina, G. C., Dogan, G., & Robin, N. （2023）. Customers' acceptance of artificially intelligent service robots: The influence of trust and culture. Journal International Journal of Information Management, 70, 89–96.

[125] Pascal, V. J, Sprott, D. E., & Muehling, D. D. （2024）. The influence of evoked nostalgia on consumers' responses to advertising: an exploratory study. Journal of Current Issues & Research in Advertising, 24（1）: 39–47.

[126] Park, E., Choi, B. K., & Lee, T. J. （2019）. The role and dimensions of authenticity in heritage tourism. Tourism Management, 74, 99–109.

[127] Petsko, C. D., & Rosette, A. S. （2023）. Are leaders still presumed white by default? Racial bias in leader categorization revisited. Journal of Applied Psychology, 108（2）, 330‒340.

[128] Prebensen, N. K., Woo, E., & Uysal, M. S. （2014）. Experience value: Antecedents and consequences. Current Issues in Tourism, 17（10）, 910–928.

[129] Reid, C. A., Green, J.D., Wildschut, T., & Sedikides, C. （2015）.

Scent-evoked nostalgia. Memory, 23（2）, 157.

[130] Reisenwitz, T.H., Iyer, R., & Cutler, B. （2004）. Nostalgia advertising and the influence of nostalgia proneness. Marketing Management Journal, 14（2）, 55-66.

[131] Reham, E., Ahmad G., Zahir I., & Ying F. （2016）. A brand preference and repurchase intention model: the role of consumer experience. Journal of Marketing Management, 32, 13-14.

[132] Reisinger, Y., & Carol, J. S. （2006）. Reconceptualizing object authenticity. Annals of Tourism Research, 33（1）, 65-86.

[133] Reisinger, Y., & Steiner, C. J. （2006）. Reconceptualizing object authenticity. Annals of Tourism Research, 33（1）, 65-86.

[134] Rickly B, Jillian M. （2013）. Existential authenticity: Place matters. Tourism Geographies, 15（4）, 680-686.

[135] Routledge, C., Wildschut, T., Sedikides, C., Juhl, J., & Arndt, J. （2012）. The power of the past: Nostalgia as a meaningmaking resource. Memory （Hove, England）, 20（5）, 452-460.

[136] Robinson, R., & Clifford, C. （2012）. Authenticity and festival food service experiences. Annals of Tourism Research, 39（2）: 571-600.

[137] Robinson, R. N. S. & Getz, D. （2016）. Food enthusiasts and tourism, Exploring food involvement dimensions. Journal of Hospitality & Tourism Research, 40（4）, 432-455.

[138] Rotman J.D, Khamitov M, Connors S. （2017）. Lie, Cheat, and Steal: How Harmful Brands Motivate Consumers to Act non-ethically. Journal of Consumer Psychology, 28（2）, 90-104.

[139] See, G. T., & Goh, Y. N. （2019）. Tourists' intention to visit heritage hotels at George Town World Heritage Site. Journal of Heritage Tourism, 14（1）, 33-48.

[140] Sedikides, C., & Wildschut, T. （2019）. The sociality of personal and collective nostalgia. European Review of Social Psychology. 30（1）, 123-173.

[141] Sedikides, C., Wildschut, T., & Baden, D. （2004）. Nostalgia: conceptual issues and existential functions. In Greenberg, J., Koole, S., Pyszczynski, T. （Eds.）, Handbook of Experimental Existential Psychology. Guilford, New York.

[142] Shi, Y., Bettache, K., Zhang, N., & Xue, L. （2021）. Constructing nostalgia in tourism: a comparison analysis of genuine and artificial approaches. Tourism management, 72, 470–488.

[143] Shin, H.H., & Jeong, M. （2022）. Does a virtual trip evoke travelers' nostalgia and derive intentions to visit the destination, a similar destination: nostalgia–motivated tourism. Travel Tourism Marketing, 46, 39–71.

[144] Shi, T., Jin, W., & Li, M. （2020）. The relationship between tourists' perceptions of customized authenticity and loyalty to guesthouses in heritage destinations: An empirical study of the world heritage of Lijiang Old Town, China. Asia Pacific Journal of Tourism Research, 25（11）, 1137–1152.

[145] Shen, W., Long, L. M., Shih, C.H., & Ludy, M. J. （2020）. A humanities–based explanation of the effects of emotional eating and perceived stress on food choice motives during the COVID–19 pandemic. Nutrients, 12（9）, 2712.

[146] Sidali, K. L., Kastenholz, E. & Bianchi, R. （2015）. Towards a structural model of the tourist experience, An illustration from food experiences in tourism. Journal of Sustainable Tourism, 23（8–9）, 1179–1197.

[147] Stern, H. H. （1992）. Issues and Options in Language Teaching. Oxford: Oxford University Press.

[148] Storey, J. （2010）. Introduction to Cultural Theory and Popular Culture. Beijing: Peking University Press.

[149] Straubhaar, J. D. （1991）. Beypnd media imperialism: Assymetrical inter-dependenceand cultural proximity. Critical Studies in Media Communication, 8（1）, 39–59.

[150] Spada, E., Rachele, De Cianni, Giusepp, D., & Teresina, M. （2024）. Balancing Freshness and Sustainability: Charting a Course for Meat Industry Innovation and Consumer Acceptance. Foods, 13（7）, 1092.

[151] Su, L., Tang, B., & Nawijn, J. （2000）. Eudaimonic and hedonic well-being pattern changes: Intensity and activity. Annals of Tourism Research, 84, 72–79.

[152] Tanford, S., & John, S. （2019）. Food attributes and perceptions, A meta–analysis of relationships with satisfaction and loyalty. Tourism Management, 61, 209–220.

[153] Taylor, S. M., Konrad, V. A. （1980）. Scaling dispositions toward the past.

Environment and Behavior, 12（3）:283–307.

[154] Tsai, C. T. S. & Wang, Y. C.（2017）. Experiential value in branding food tourism. Journal of Destination Marketing & Management, 6（1）, 56–65.

[155] Tulving, E.（1972）. Episodic and semantic memory. In E. Tulving & W. Donaldson, Organization of memory. Academic Press.

[156] Turner, R.N., Wildschut, T., & Sedikides, C.（2013）. Combating the mental health stigma with nostalgia. European Journal of Social Psychology, 43（5）: 413–422.

[157] Vada, S., Prentice, C., & Hsiao, A.（2019）. The influence of tourism experience and wellbeing on place attachment. Journal of Retailing and Consumer Services, 47（Mar.）, 322–330.

[158] Valarie A. Zeithaml, Leonard L. Berry, A. Parasuraman.（1996）. The behavior consequences of service quality. Journal of Marketing, 60（2）:31–46.

[159] Vahid, G. K. P.（2019）. Pictorial Analysis of the Projected Destination Image: Portugal on Instagram. Tourism Analysis, 24（1）, 43–54.

[160] Vess, M., Arndt, J., Routledge, C., Sedikides, C., & Wildschut, T.（2012）. Nostalgia as a resource for the self. Self and Identity, 11（3）, 273–284.

[161] Waller, J., & Stephen, E.G.（1999）. Seeking the real spain? Authenticity in Motivation. Annals of Tourism Research, 26（1）, 110–129.

[162] Wildschut, T. & Sedikides, C.（2022）.Water from the lake of memory: The regulatory model of Nostalgia. Working paper, 99.

[163] Wildschut, T., & Sedikides, C.（2022a）. Psychology and nostalgia: Towards a functional approach. In M. H. Jacobsen（Ed.）, Intimations of nostalgia: Multidisciplinary explorations of an enduring emotion（pp. 110–128）. Bristol University Press.

[164] Wildschut, T., Sedikides, C., Arndt, J., & Routledge, C.（2006）. Nostalgia: Content, triggers, functions. Journal of Personality and Social Psychology, 91（5）, 975–993.

[165] Xing, L., Sun, J. M., & Jepsen, D.（2021）. Feeling Shame in the Workplace: Examining Negative Feedback as an Antecedent and Performance and Well-being as Consequences. Journal of Organizational Behavior, 42（9）: 1244–1260.

[166] Yeoman, I., McMahon-Beattie, U., Fields, K. & Meethan, K.（2023）.

The future of food tourism, Foodies, experiences, exclusivity, visions and political capital. New York: Channel View Publications.

[167] Yi, X., Fu, X., Yu, L., & Jiang, L.（2018）. Authenticity and loyalty at heritage sites: The moderation effect of postmodern authenticity. Tourism Management, 67, 411–424.

[168] You, Y., Pan, J., & Yang, X.（2021）. From Functional Efficiency to Temporal Efficiency: Multifunctional Products Increase Consumer Impatience. Journal of Consumer Psychology, 32: 1008–1023.

[169] Youn, H., & Kim, J. H.（2018）. Is unfamiliarity a double-edged sword for ethnic restaurants? International Journal of Hospitality Management, 68, 23–31.

[170] Yoo, C.W.（2018）. An Exploration of the Role of Service Recovery in Negative Electronic Word-of-Mouth Management. Information Systems Frontiers, 8, 89–101.

[171] Zhou, X., Sedikides, C., Wildschut, T., & Gao, D. G.（2008）. Counteracting loneliness: On the restorative function of nostalgia. Psychological Science, 19（10）, 1023–1029.

[172] Zhou, X., Sedikides, C., Mo, T., Li, W., Hong, E., & Wildschut, T.（2022）. The restorative power of nostalgia: Thwarting loneliness by raising happiness during the COVID-19 pandemic. Social Psychological and Personality Science, 13（4）, 803–815.

[173] Zhou T., Lu Y.B., & Wang, B.（2009）. The Relative Importance of Website Design Quality and Service Quality in Determining Consumers' Online Repurchase Behavior. Information Systems Management, 26（4）, 29–42.

[174] 戚方丽, 崔雪莲, 那日萨. 基于在线评论的品牌再购意向模糊推理方法 [J]. 山东大学学报（理学版）, 2023, 50（7）: 17–22.

[175] 蔡明达, 许立群. 建构怀旧情绪量表之研究——以地方老街为例 [J]. 营销评论, 2007（4）: 163–186.

[176] 程励, 陆佑海, 李登黎, 蒋晓婷. 儒家文化视域下美食旅游目的地品牌个性及影响 [J]. 旅游学刊, 2018, 33（1）: 25–41.

[177] 曹娟. 谈原真性（authenticity）[J]. 中国科技术语, 2007, 9（1）: 47–48.

[178] 曹妍雪. 民族旅游游客体验真实性对满意度的影响研究 [D]. 西北大学 .2018.

[179] 盛佳. 从结构主义到后结构主义 [D]. 西南交通大学 .2013.

[180] 董培海，李伟. 西方旅游研究中的符号学线索解析 [J]. 旅游学刊，2016，31（11）：128-137.

[181] 戴西伦. 从"尼特族"到"躺平"：全球溯源、成因及应对经验 [J]. 青年探索，2022（3）：101-112.

[182] 费爱晶，杨琴，王煜. 状态自我控制量表中文版测评大学生的效度与信度 [J]. 中国心理卫生，2022，34（12）：5.

[183] 费显政，王海燕，李若茜. "察自身"还是"观世界"？社会化媒体使用中消费者自我意识状态对广告效果的影响 [J]. 南开管理评论，2021（12）：4-15.

[184] 费显政，黄茜，王涯薇. 敬畏使人言听计从吗？——论敬畏情绪对个体的说服作用 [J]. 南开管理评论，2021（13）：6-19.

[185] 费显政，王涯薇，黄茜. "老夫""撩发"少年狂：初老感对年轻消费者冒险行为的影响 [J]. 南开管理评论，2021（16）：28-36.

[186] 傅才武，王昇凡. 场景视阈下城市夜间文旅消费空间研究——基于长沙超级文和友文化场景的透视 [J]. 武汉大学学报（哲学社会科学版），2021，74（6）：58-70.

[187] 管倩倩. 国外美食与旅游研究述评——兼谈美食旅游概念泛化现象 [J]. 旅游学刊，2012，27（10）：85-92.

[188] 龚潇潇，叶作亮，玉胜贤. Vlogger 吸引力与消费者购买意愿的关系：准社会互动与错失恐惧的作用 [J]. 财经论丛，2021（12）：92-102.

[189] 高海霞，朱冀方，裴佳. 消费者怀旧对本土品牌态度的影响研究 [J]. 生产力研究，2018（12）：7-9.

[190] 高海虹，林益立. 情绪劳动视域下社会工作者离职意愿研究——基于 CSWLS 数据分析 [J]. 社会工作与管理，2024（3）：29-39.

[191] 高辉，卢泰宏. 西方消费者怀旧研究评介 [J]. 外国经济与管理，2016，28（8）：8-17.

[192] 高璟，李梦姣，吴必虎. 知青怀旧旅游情感与行为的关系研究 [J]. 地域研究与开发，2017，36（2）：7.

[193] 高晓倩，覃岳，高歌. 社会排斥对怀旧消费的影响机制研究——归属感需求的中介作用 [J]. 牡丹江师范学院学报（社会科学版），2019（3）：7-12.

[194] 贺小荣，徐海超，任迪川. 场景理论下怀旧消费空间的建构与感知研究——以"长沙超级文和友"为例 [J]. 世界地理研究，2023，32（10）：147-160.

[195] 胡小武，向江渝．去内卷化：当代青年的"反向生活"及其社会机理 [J]. 中国青年研究，2023（7）：76-84.

[196] 黄颖华，黄福才．旅游者目的地忠诚驱动因素研究——以内地居民"香港游"为例 [J]. 旅游科学，2007，21（3）：72-78.

[197] 何佳讯．我们如何怀念过去？中国文化背景下消费者怀旧倾向量表的开发与比较验证 [J]. 营销科学学报，2010，6（3）：30-50.

[198] 梁璐，张雅如，李雪莲，杨妮，杨阳．城市怀旧型消费空间的感知与地方建构研究——以西安连锁餐厅"遇见长安"为例 [J]. 经济地理，2020，40（8）：222-230.

[199] 李斌，马红宇，李爱梅，凌文轻．怀旧的触发、研究范式及测量 [J]. 心理科学进展，2015，23（7）：1289-1298.

[200] 李春侠，于善志．情绪效价对二语具体和抽象词汇加工的影响研究 [J]. 中国海洋大学学报（社会科学版），2024（3）：125-132.

[201] 李凡，杨蓉，黄丽萍．怀旧消费空间地方建构的比较研究——以广州怀旧餐厅为例 [J]. 地理科学进展，2015，34（4）：505-516.

[202] 李曼丽，孙明贵．角色外行为如何影响员工创新行为——一个有调节的中介模型 [J]. 中国人事科学，2022（11）：82-92.

[203] 李云云，王灵恩，成升魁．高原旅游城市旅游者食物消费特征及其影响因素——以拉萨市为例 [J]. 资源科学，2019（3）：494-508.

[204] 李湘云，吕兴洋，郭璇．旅游目的地形象中的美食要素研究——以成都为例 [J]. 美食研究，2017，34（1）：24-28.

[205] 李静，PEARCE P.L，吴必虎．雾霾对来京旅游者风险感知及旅游体验的影响——基于结构方程模型的中外旅游者对比研究 [J]. 旅游学刊，2015，30（10）：48-59.

[206] 李庆，崔春莹．食品怀旧元素对消费者评价的提升作用分析 [C]. 中国创意设计年鉴·2020-2021 论文集，2022：221-225.

[207] 卢泰宏．消费者行为学 50 年：演化与颠覆 [J]. 外国经济与管理，2017（6）：23-38.

[208] 黎耀奇，江秋敏．心理时间框架下的旅游研究：现状与展望 [J]. 旅游学刊，38（6），53-62.

[209] 刘彬，阚兴龙，陈忠暖．支持性体验与高峰体验，旅游者饮食消费研究——以成都为例 [J]. 人文地理，2023，32（2）：23-29.

[210] 刘向前，梁留科，元媛，索志辉，张忠良．大数据时代美食夜市游憩者

满意度双视角研究 [J]. 美食研究，2018，35（2）：24-31.

[211] 刘晓燕，王垒，张琪 . 怀旧态度问卷的编制和中介模型检验 . 第十二届全国心理学学术大会论文摘要集 [C]. 济南：中国心理学会，2009.

[212] 刘贻红，乔玉美，张士翠 . 基于怀旧疗法的团体心理护理在老年慢性心力衰竭患者中的应用分析 [J]. 心理月刊，2024（7）：169-171.

[213] 梁增贤，保继刚 . 基于珠海实证的城市旅游增长极限分析框架 [J]. 地理学报，2020（8）：1711-1724.

[214] 马迎 . 基于拉扎勒斯应激理论的脊髓损伤患者睡眠障碍模型初步构建 [J]. 天津护理，2020，28（4）：409-412.

[215] 马耀峰，刘智兴，李森 . 基于游客感知——认知的北京市旅游形象影响因素评价研究 [J]. 干旱区资源与环境，2023，29（3），203-208.

[216] 潘姝澄 . 怀旧心理的研究综述 [J]. 心理月刊，2022（9）：238-240.

[217] 秦兆祥，谭慕华，张薇，王悦 . 历史文化特色街区游客景观视觉感知及其情感体验——以呼和浩特市大召历史文化街区为例 [J]. 干旱区资源与环境，2024（7）：201-208.

[218] 阮仪三，林林 . 文化遗产保护的原真性原则 [J]. 同济大学学报（社会科学版），2003，14（2）：1-5.

[219] 孙明贵，郭彦 . 微信朋友圈中怀旧帖引发的怀旧营销新思路——基于扎根理论的实证研究 [J]. 技术经济与管理研究，2016（11）：53-58.

[220] 孙明贵，孙雨晴，沈传俊 . 网络虚拟体验、怀旧心理对老产品购买意愿的影响 [J]. 广义虚拟经济研究，2015（2）：49-58.

[221] 孙九霞，李菲，王学基 . "旅游中国"：四十年旅游发展与当代社会变迁 [J]. 中国社会科学，2023（11）：84-104+206.

[222] 苏宇晖，罗凯扬 . 易混淆的 "预试"（Pretest）与"先导研究"（Pilot Study）[N]. 营销导报，2021-3-30.

[223] 石文雪，孙明贵 . 信息超载对员工工作倦怠的影响研究——领导 - 成员交换的调节效应 [J]. 科技和产业，2024（2）：50-57.

[224] 石张宇，齐文权 . 仿古镇型旅游景区游客真实性感知、满意度与重购意愿研究——以浙江湖州太湖古镇为例 [J]. 旅游研究，2024（1）：45-55.

[225] 田美蓉，保继刚 . 游客对歌舞旅游产品真实性评判研究——以西双版纳傣族歌舞为例 [J]. 桂林旅游高等专科学校学报，2005（1）：12-19.

[226] 王宁，刘丹萍，马凌 . 旅游社会学 [D]. 南开大学出版社 .2018.

[227] 王宁 . 旅游、现代性与"好恶交织"——旅游社会学的理论探索 [J]. 社

会学研究，1999（6）：93-102.

[228] 王佳果，郑密，黄琼慧，吴忠军.文化距离何以影响旅游者？——文献反思与研究展望 [J].旅游导刊，2021（3）：1-37.

[229] 王丽丽，张璇，陈含郁.忆往昔促进消费者宽恕：服务失误情境下怀旧对宽恕的影响及内在机制 [J].心理学报，2024（4）：515-538.

[230] 王亚力，王楚君，向小辉，周扬，聂钠，吴冉冉.存在本真性视角下寻求本真自我的旅游动机分析框架 [J].地理学报，2018，73（8）：1586-1599.

[231] 王瑶瑶.社会拥挤对怀旧产品消费意愿的影响 [J].全国流通经济，2020（28）：18-20.

[232] 温韬，秦通.消费者怀旧情感量表的开发及验证——以怀旧主题餐厅为例 [J].大连大学学报，2019，40（4）：13.

[233] 温韬，杨双，秦菁，刘烨.关于怀旧主题餐厅消费行为的调查：以大连市为例 [J].四川旅游学院学报，2023（2）：19-25.

[234] 吴捷，徐晟，马伟栋.中国老年人怀旧感量表的编制 [J].心理与行为研究，2019，17（2）：7.

[235] 吴少峰，胡雨，徐红罡.创意型怀旧消费空间中游客的存在真实性研究——以长沙文和友为例 [J].旅游学刊，2024（6）：45-55.

[236] 武传表，冯安睿.大连旅游美食感知与体验研究 [J].资源开发与市场，2018，34（12）：1772-1778.

[237] 厉新建.旅游体验研究：进展与思考 [J].旅游学刊，2008（6）：90-95.

[238] 徐玉婷.新时代美好生活的伦理审视 [D].长沙理工大学，2022.

[239] 薛承鑫.怀旧对消费者非伦理行为影响的研究 [D].中南财经政法大学，2022.

[240] 魏雷，钱俊希，朱竑.谁的真实性？——泸沽湖的旅游凝视与本土认同 [J].旅游学刊，2015，30（8）：66-76.

[241] 谢彦君，于佳，杨昆.旅游消费的情境化取向：旅游飞地效应与景区消费恐惧——以海口骑楼老街片区中山路景观街区为例 [J].陕西师范大学学报（自然科学版），2020（4）：56-70.

[242] 谢彦君，吴凯.期望与感受：旅游体验质量的交互模型.旅游科学 [J]，2000（2）：1-4.

[243] 谢彦君，朱宇轩.旅游心理、行为研究的中国贡献 [J].旅游学刊，2023（9）：9-10.

[244] 夏俊苹.失抑或救赎？——当代青年"求神拜佛"现象的群鉴、成因与对策 [J].中国青年研究，2023（9）：77-86.

[245] 杨蓉，朱竑.全球－地方动态下的旅游在地化：模式与启示 [J].旅游学刊，2023（4）：1.

[246] 杨嵘均，卢晗.网络符号消费的"空间延异""时间辐裂"与资本的时空生产 [J].南京社会科学，2024（5）：101-110+120.

[247] 杨振之，胡海霞.关于旅游真实性问题的批判 [J].旅游学刊，2011（12）：78-83+4.

[248] 余润哲，黄震方，何昭丽，鲍佳琪，郭叙淇，莫雨亭.动机视角下乡村旅游者主观幸福感的驱动机制研究——以皖南传统古村落为例 [J].旅游科学，2022（6）：90-105.

[249] 易小力，敬露瑶，郑春晖.感知原真性对游客情感形成的影响机制研究——以开平碉楼为例 [J].旅游科学，2024（20）：1-20.

[250] 赵红梅，李庆雷.回望"真实性"——一个旅游研究的概述 [J].旅游学刊，2012，27（4）：11-20.

[251] 赵静蓉.在传统失落的世界里重返家园——论现代性视域下的怀旧情结 [J].文艺理论与批评，2004（4）：78-90.

[252] 赵富强，祝含秋，陈耘，王龙栋.上司创意拒绝、知识型员工离散情绪与趋避行为——基于情绪认知评价理论视角 [J].南开管理评论，2023（6）：128-141.

[253] 曾国军，梁馨文.旅游目的地饮食原真性再造，以阳朔西街啤酒鱼为例 [J].人文地理，2020，35（3）：48-57+103.

[254] 曾莉，周慧慧，龚政.情感治理视角下的城市社区公共文化空间再造——基于上海市天平社区的实地调查 [J].中国行政管理，2020（1）：46-52.

[255] 张辉，徐红罡，黎芸妃.名人代言对目的地品牌至爱的影响——信源可靠性和匹配性假设视角 [J].旅游学刊，2021（9）：60-74.

[256] 张宏梅，陆林，章锦河.感知距离对旅游目的地之形象影响的分析——以五大旅游客源城市游客对苏州周庄旅游形象的感知为例 [J].人文地理，2006（5）：25-30.

[257] 张亮，李君轶，岳依洋，杨敏.乡村生活场景对游客情感体验的影响分析——基于眼动追踪的实验研究 [J].人文地理，2024（2）：154-163.

[258] 张鹏，白雪娇，连远强.老字号建构真实性对品牌忠诚的影响——怀旧倾向与品牌认同的作用 [J].2024（14）：665.

[259] 张进福. 旅游吸引物属性之辨 [J]. 旅游学刊, 2020, 35（2）: 134-146.

[260] 张涛. 饮食旅游动机对游客满意度和行为意向的影响研究[J]. 旅游学刊, 2012, 27（10）: 78-84.

[261] 周小凤, 张朝枝, 杨晓鹏, 曾晓茵. 文学旅游地游客的情感特征与影响因素——以阳关与玉门关为例 [J]. 旅游学刊, 2024（5）: 77-89.

[262] 周亚庆, 吴茂英, 周永广, 竺燕红. 旅游研究中的"真实性"理论及其比较 [J]. 旅游学刊, 2007（6）: 42-47.

[263] 周志民, 张良波, 莫琳琳. 不同品牌感知下怀旧广告类型对品牌态度的影响研究——品牌真实性的中介作用 [J]. 商业经济与管理, 2023（6）: 47-60.

[264] 卓素燕. 怀旧消费行为模式及形成路径分析 [J]. 消费经济, 2011（1）: 69-71+60.

[265] 高明, 何玮. 文明旅游对国家文化软实力提升的模型建构及实证研究——以柬埔寨吴哥景区中国游客为例［J］. 旅游论坛, 2020, 13（4）: 33-46.

[266] 高明, 何玮. 利益相关者视域下中国旅游上市企业效率研究：基于超效率 DEA-Tobit 两步法分析［J］. 旅游论坛, 2018, 11（1）: 59-70.

附　录　一

问题 1：您这是第几次到文和友海信店，总体有什么感觉?

问题 2：您认为文和友海信店整体氛围怎么样? 菜品怎么样? 是否感受到其传递的文化意蕴?

问题 3：您认为在文和友海信店用餐的整个过程是否有一种怀旧的体验，或者说回到小时候的感觉?

问题 4：您认为自己从小生长的环境与长沙差距大吗?

问题 5：您认为自己是一个喜欢追求新奇事物的人吗?

问题 6：当您一进入这样的餐厅，从情绪上看，您有什么感受，高兴的、激动地、舒心的等，还是悲伤的、难过的、不愉快的?

问题 7：假如对您目前的正面情绪评分，1~10 分的范围内，1 分表示正面情绪得分最低，10 分表示正面情绪得分最高，您认为处于文和友海信店这种怀旧氛围下，自己目前的正面情绪能打几分?

问题 8：假如对您目前的负面情绪评分，1~10 分的范围内，1 分表示负面情绪得分最低，10 分表示负面情绪得分最高，您认为处于文和友海信店这种怀旧氛围下，自己目前的负面情绪能打几分?

问题 9：您喜欢文和友海信店吗?

问题 10：您还会再一次到访文和友海信店吗?

附 录 二

第一部分：基本资讯

1. 您的性别：

☐男　　☐女

2. 您的年龄：

☐ 18~23 岁　　☐ 24~29 岁　　☐ 30~35 岁

3. 您的受教育程度：

☐初中及以下　　☐高中或中专　　☐大学本科或大专　　☐研究生及以上

4. 您的月收入（人民币）：

☐ 2999 元及以下　☐ 3000-5999 元　☐ 6000-7999 元　☐ 8000-9999 元
☐ 10000 元及以上

5. 您是否到过长沙文和友：

☐是　　☐否

编号	维度	问题	分值
CP1	文化感知	餐饮产品很具有教育意义	☐ 1 ☐ 2 ☐ 3 ☐ 4 ☐ 5
CP2		餐饮产品时有吸引人的服务表演	☐ 1 ☐ 2 ☐ 3 ☐ 4 ☐ 5
CP3		餐饮产品品牌知名度高	☐ 1 ☐ 2 ☐ 3 ☐ 4 ☐ 5
CP4		餐饮产品的菜名好听、有内涵	☐ 1 ☐ 2 ☐ 3 ☐ 4 ☐ 5
CP5		享用餐饮产品时有生动的美食讲解	☐ 1 ☐ 2 ☐ 3 ☐ 4 ☐ 5
CP6		各类型老字号餐厅传统产品的留存度	☐ 1 ☐ 2 ☐ 3 ☐ 4 ☐ 5
AP1	氛围感知	餐厅的灯光、色彩和设计让我感觉到了长沙特色	☐ 1 ☐ 2 ☐ 3 ☐ 4 ☐ 5
AP2		独特的音乐营造出舒适的就餐环境	☐ 1 ☐ 2 ☐ 3 ☐ 4 ☐ 5
AP3		餐厅内无异味	☐ 1 ☐ 2 ☐ 3 ☐ 4 ☐ 5
AP4		餐厅整体营造的氛围很有年代风格	☐ 1 ☐ 2 ☐ 3 ☐ 4 ☐ 5
FP1	美食感知	餐厅产品营养丰富	☐ 1 ☐ 2 ☐ 3 ☐ 4 ☐ 5
FP2		餐厅产品食材新鲜	☐ 1 ☐ 2 ☐ 3 ☐ 4 ☐ 5
FP3		餐厅产品美味可口	☐ 1 ☐ 2 ☐ 3 ☐ 4 ☐ 5
FP4		餐厅菜量适度	☐ 1 ☐ 2 ☐ 3 ☐ 4 ☐ 5
PC1	替代性怀旧	我幻想着过去	☐ 1 ☐ 2 ☐ 3 ☐ 4 ☐ 5
PC2		我想象我生活在过去	☐ 1 ☐ 2 ☐ 3 ☐ 4 ☐ 5
PC3		我觉得把我带回了过去	☐ 1 ☐ 2 ☐ 3 ☐ 4 ☐ 5
PC4		我想象我在那个简单纯粹的时代	☐ 1 ☐ 2 ☐ 3 ☐ 4 ☐ 5
PC5		我想象我是在参加过去的传统和仪式	☐ 1 ☐ 2 ☐ 3 ☐ 4 ☐ 5
PC6		我很怀念以前的时光	☐ 1 ☐ 2 ☐ 3 ☐ 4 ☐ 5
PE1	积极情绪	高兴的	☐ 1 ☐ 2 ☐ 3 ☐ 4 ☐ 5
PE2		赞赏的	☐ 1 ☐ 2 ☐ 3 ☐ 4 ☐ 5
PE3		受到启发的	☐ 1 ☐ 2 ☐ 3 ☐ 4 ☐ 5
PE4		平静的	☐ 1 ☐ 2 ☐ 3 ☐ 4 ☐ 5

编号	维度	问题	分值
PE5		暖心的	☐1 ☐2 ☐3☐4 ☐5
PE6		充满柔情的	☐1 ☐2 ☐3☐4 ☐5
NE1	消极情绪	沮丧的	☐1 ☐2 ☐3☐4 ☐5
NE2		悲伤的	☐1 ☐2 ☐3☐4 ☐5
NE3		恼怒的	☐1 ☐2 ☐3☐4 ☐5
NE4		失落的	☐1 ☐2 ☐3☐4 ☐5
NE5		焦虑的	☐1 ☐2 ☐3☐4 ☐5
NS1	探新求异	我喜欢追求新鲜事物	☐1 ☐2 ☐3☐4 ☐5
NS2		我喜欢到新的旅游景点旅游	☐1 ☐2 ☐3☐4 ☐5
NS3		我很乐意尝试以前未接触过的美食	☐1 ☐2 ☐3☐4 ☐5
NS4		我不反感尝试一些稀奇古怪的事物	☐1 ☐2 ☐3☐4 ☐5
NS5		接触陌生的人或事不会让我感到不适	☐1 ☐2 ☐3☐4 ☐5
CD1	文化距离	我对长沙的文化有一定了解	☐1 ☐2 ☐3☐4 ☐5
CD2		我对文和友这家餐厅有一定了解	☐1 ☐2 ☐3☐4 ☐5
CD3		我能接受长沙的吃辣文化	☐1 ☐2 ☐3☐4 ☐5
CD4		我认为整体上长沙的美食与自己家乡的美食较为相似	☐1 ☐2 ☐3☐4 ☐5
RV1	重购意愿	我会乐于向家人朋友推荐文和友	☐1 ☐2 ☐3☐4 ☐5
RV2		我会乐于向其他人诉说文和友餐厅的正面资讯	☐1 ☐2 ☐3☐4 ☐5
RV3		我乐意在未来三年再次到访文和友	☐1 ☐2 ☐3☐4 ☐5
RV4		我乐意在未来三年到长沙来品尝美食	☐1 ☐2 ☐3☐4 ☐5

附 录 三

长沙文和友餐厅相关评论

21 世纪经济报道，2021-07-12。

网红城市长沙简史："民间迪士尼"文和友如何唤起 Z 世代乡愁？

今年端午节小长假，子祺和朋友完成了一趟长沙打卡之旅。和每一个到过长沙的游客一样，他的朋友圈也被小龙虾、臭豆腐和茶颜悦色填满了。

气氛火热的还有网红餐馆文和友。假期第一天晚上，长沙文和友海信广场店叫号已经破万。"排了快一个半小时才吃上，小龙虾比预期的更惊艳！"子祺告诉《21 世纪经济报道》的记者。白天橘子洲，晚上文和友。热门景点和网红餐厅已经成为游客来到长沙必打卡的地标，也不断助推长沙成为名副其实的网红城市。

"中国城市在过去几十年的发展过程中，通常倾向采用某种趋同的模式。"清华大学建筑学院副教授、三联人文城市奖架构共创人周榕告诉《21 世纪经济报道》的记者。过去的城市发展更多以功能区块为核心，然后把经济功能作为整个城市发展的引擎，这是中国城市发展较为常规的模式。城市的文化形态基本上会被视作城市经济发展的一种附庸或装饰品，这就导致城市的人文生态越来越单调，"所谓千城一面的现象也是比比皆是"。

在周榕看来，文和友的出现在某种程度上是一种"放肆"。"它（文和友）把城市里通常意义上被认为是垃圾的东西，包括 20 世纪八九十年代我们城市里普遍看到的街景与建筑结构，变成了它的招牌。把城市的一些细节、旧物、

156

用具收集起来，用一种超高密度方式集中展现出来。我觉得至少在文和友之前，还没有人认为这些东西是有价值的，是值得展现出来的。从这个意义上讲，文和友对中国城市的多样性具有相当大的贡献。"

民间迪士尼

"我去的时候是淡季，文和友只排了 10 分钟，茶颜悦色排了 5 分钟，可能就是没怎么排队还增加了好感。"从上海来到长沙旅游的茹茹告诉《21 世纪经济报道》的记者。"虽然已经半夜了，但里面完全是座不夜城。打卡了这家店，朋友圈素材又多了。"

挖掘本土民间小吃，结合复古潮流文化，文和友的特色在于打造了一个富有 20 世纪 80 年代旧街巷弄风格的美食综合体。除小龙虾、大香肠等自有的餐饮品牌外，长沙文和友还将茶颜悦色、正哥牛肉串、李公庙糖油粑粑等本土网红餐饮店收入囊中。颇为壮观的复古建筑、老长沙文化的还原展示、富有创意的艺术涂鸦，吸引了大批年轻人拍照分享。

"文和友其实是一家伪装成餐饮店的'民间迪士尼'。"周榕如此评价文和友的气质。"它不是以餐饮取胜，而是以营造的这种空间氛围、环境意象来取胜，这是其他网红餐饮店做不到的。"

他指出，文和友爆红的原因在于为中国现代城市人提供了一种乡愁的意象，在一线城市的年轻人当中极易引发共鸣。在他看来，所谓乡愁，实际上都与人的童年经历有关。童年是人的一生中比较脆弱、敏感的一个阶段，处在这种状态下，人容易和外部世界产生强连接。另外，乡愁也代表着某种在现实生活中会被强大的力量所碾压、所抛弃的一些东西。"比如乡村，在强大的现代城市面前其实也很脆弱，它并不坚固、不长久、容易烟消云散。当这两种弱的状态叠加在一起，往往就能引发乡愁。"

"现在生活在城市里的孩子很难产生这种乡愁，主要是现在的城市太强大了。大量物质性的、人工智能性的东西'统治'着城市，人们很难对人文景观产生某种乡愁的依恋。文和友却选择了一种主动示弱的方式，把这些脆弱的东西都拼贴在室内外的立面上与环境中，让人觉得这是一种特别弱的、稍纵即逝的人文景象与文化景观。人们会对它产生某种程度上的同情、共鸣乃至情感上的锚固。"周榕说。

也正因如此，无论文和友走到哪座城，都会快速成为一个现象级的打卡景点乃至城市地标。值得一提的是，文和友的主力消费人群是"90 后"乃至"00 后"。在周榕看来，城市里的年轻人被文和友所吸引，并非出于怀旧或猎奇。

"这些年轻人是真正现代城市的原住居民，一出生城市就已经很强大了。在这种强大的环境中待久了，其实还是需要寻求城市里一些软弱或者柔弱的地方，能跟他们的情感有某种契合。人的情感其实是一种特别柔弱的存在，很容易被强大的东西碰疼和伤害。所以其实对于人的情感来说，它需要的环境应该是收缩性的、柔弱性的、包容性的，而不是强大的、拒绝的、规定的、秩序的管控方式。"周榕说。

"草根"长沙

如今，超级文和友已正式更名为长沙文和友。放下"超级"，拥抱城市，这是 2021 年文和友一次新的品牌迭代和战略升级。

"长沙是一座充满浓郁文化氛围，又具有烟火味的城市。如何全方位体验这座城市的魅力？"除了品牌信息之外，文和友的微信公众号上还醒目地提供了长沙旅行的衣食住行小贴士、三条游乐线路及周边城市游玩攻略，足以看出文和友品牌与长沙城市之间的密切关联。

周榕指出，长沙自古不算文化中心地带，城市的文化气息也非传统。"虽说岳麓书院'惟楚有材，于斯为盛'，但它还不像江南或中原这种正统文化底蕴特别深厚的地方。长沙透露出来的气质是市井气，也正因如此才能孕育出像文和友这样的空间。某种程度上，文和友是长沙城市价值取向的一个缩影。"

"长沙就是好玩，好玩的背后是深厚的经济文化底蕴，'火'不只是看外表，更重要的是看内在。"有网友如此评论长沙的网红形象。毫无疑问，长沙已成为最炙手可热的网红城市。

在过去中国城市"更快、更高、更强"的竞赛中，长沙并不突出，也没有出现全国知名的地标性建筑或高大上的超级综合体奇观。然而，长沙却有一些跟普通人息息相关的、能够产生联结的地方。

长沙充满着市井味儿、烟火气。像湖南卫视近年推出的娱乐节目，从《快乐大本营》到《超级女声》都很接地气，贴近普通人的生活。"比如文和友，大家进去以后都觉得放松，在里面你会不会觉得被环境所谴责、所挑剔。再比如茶颜悦色的奶茶在街边随处可见。这种氛围鼓励一种每个人都能得到的、短暂而现实的幸福感，构成了长沙特有的人情味。"周榕说。

也因为这一特质，长沙区别于其他网红城市。重庆有很多城市奇观，成都则有类似太古里的时尚打卡处。相比之下，长沙更具烟火气，更具有草根特质。"我觉得很有趣的一点就在于，随着中国城市化发展逐渐深入，不同城市的文化气质开始凸显出来，而且这种文化气质会找到自己的受众群。"

闪耀夜经济

"我对长沙最大的印象就是'快乐',长沙是一个很快乐的城市,长沙市民很快乐,来这里玩的人也很快乐。"在长沙读大学的伊萌告诉《21世纪经济报道》的记者。"这首先得益于'电视湘军'通过娱乐产业打开了知名度,再就是长沙美食真的很多,而且城市物价也不是很高。"

好玩的去处多、物价收入比低等因素,形成了长沙文旅消费的重要支撑,也不断刺激着更多新业态的产生,提升着网红城市的活力和魅力。

"目前来看,网红城市都有年轻人比较喜欢的场景和消费体验场所,网红城市有较多年轻人喜欢的特点,包括夜间消费很活跃。"北京大学文化产业研究院副院长陈少峰在接受《21世纪经济报道》的记者采访时指出,未来需要有两种文化与时尚融合的特点来塑造城市IP,一个是消费型时尚型(比如数字文化体验)的文化地标,一个是夜间文化体验与消费。

"夜经济"作为一张城市名片,不仅是城市开放和活力的重要标志,也是提升市民生活品质的重要载体。根据携程旅行网旅游大数据研究院发布的《长沙文旅夜经济大数据报告》,目前长沙位列国内夜游人气目的地城市第四名。近年来,长沙的夜经济持续快速发展。夜幕降临后,吃湘菜、看歌舞剧、逛酒吧等一系列热火朝天的休闲娱乐活动成为长沙夜经济的特色品牌。

实际上,这背后也体现着各级政府部门创新服务、完善配套,不断优化营商环境的努力。地方政府的扶持不仅可以提升网红城市的形象,更能深化产业链,带来示范效应。例如,超级文和友文化街区(长沙文和信餐饮文化管理有限公司)就获得了2020年十大夜间经济示范项目。文和友表示,做成一个城市夜文化地标和中心是他们目前最重要的任务。

数据显示,近年长沙夜消费人数年增幅高达49%以上。长沙市原副市长朱东铁在中国城市夜间经济发展峰会中曾表示,"夜经济是双循环的重要一环,是促进消费的新动力。长沙夜经济业态丰富,发展夜经济的空间十分广阔,接下来,长沙将进一步优化服务,提升效能,以一流的营商环境为长沙夜经济高质量发展保驾护航"。

"网红"更迭

流量经济下,"网红城市"概念火爆,这一标签对城市经济的拉动效应也日趋显著。"网红"与否,甚至成为衡量城市知名度和竞争力的一个新型标准。与此同时,从更大的时间跨度来看,"网红城市"的内涵也在悄然发生变化。人们正在重新定义城市的审美观。

过去网红城市的内涵如何变化，未来又会朝什么方向去发展？周榕告诉记者，中国城市化最早以西方的现代化城市为蓝本。近些年来，网红城市越来越向中国本土的、现实的乃至草根的方向发展，成都、重庆、西安、长沙等城市逐渐出现，成为新一代网红城市。

以"3D魔都"重庆为例，2019年，重庆旅游业总收入为5734亿元；2020年，重庆已经晋升为中国旅游业最发达的城市第二名，旅客总人数全国第一。2021年"五一"小长假期间，重庆的A级旅游景区就接待了1019.8万人次的游客，几乎占了重庆常住人口的三分之一。《江湖儿女》《少年的你》《刺杀小说家》等热门电影，均选择在重庆拍摄实景。

如何理解"网红"概念的变迁？在周榕看来，经济关系也导致了文化心理与审美发生变化，本土城市有趣的地方正在不断被挖掘出来。年轻人是主力消费人群，他们的价值取向已经从西方转向本土，从高大上转向草根化，从正统转向一个更加魔幻的现实主义。

周榕认为，从20世纪90年代中期到现在，民族文化自信在崛起，年轻人的文化取向也在发生很明显的变化。西方的审美曾经让我们觉得血脉偾张，如今随着整个国力提升，我们已经看惯了这类东西，也会觉得很普通。

36氪，2021年3月3日

文和友和茶颜悦色：从"餐饮"到"餐创"的跨界之路

这两家从长沙火"出圈"，又火到全国的餐饮品牌，背后是两位普通长沙人凭借"吃得苦、耐得烦、霸得蛮"的"长沙精神"，白手起家、连续创业、持续创新，最终成为行业"顶流"的故事。

编者按：本文来源于《长沙晚报》，原标题"长沙美食'顶流'"。

2020年11月，有媒体在网络做了个调查："哪个城市是今年国庆假期的第一'网红'？"

投票的人中，75.5%选择了"长沙"。有人甚至"吐槽"，一个国庆假期"在朋友圈里去了42次长沙"。而"网红"长沙眼下最当红的"顶流"，非餐厅"超级文和友"和茶饮品牌"茶颜悦色"莫属。这两家从长沙火"出圈"，又火到全国的餐饮品牌，背后是两位普通长沙人凭借"吃得苦、耐得烦、霸得蛮"的"长沙精神"，白手起家、连续创业、持续创新，最终成为行业"顶流"的故事。

"一天接待3万人，还有1万人没吃上"

在长沙市中心的湘江中路，一眼就可以看到如著名景点般的餐厅"超级文和友"——傍晚 6 点多，叫号已经叫到了 1500，连在门口拍照"打卡"都要排长队。

餐厅合伙人孙平告诉本刊记者，目前仅长沙这一家餐厅，每天就有 6000 人来吃饭，最高峰时创下过"一天接待 3 万人，还有 1 万人没吃上"的餐饮业排号纪录。

地处长沙 CBD、周边都是高级写字楼的"超级文和友"，是一间被刻意设计成长沙 20 世纪八九十年代老社区的不寻常餐厅。有媒体总结其风格为"一站式怀旧、一次怀个够"——整整 7 层楼、2 万平方米的空间，用几十万件建筑旧物和老家具，逼真地"还原"出了一座 20 世纪 80 年代的长沙筒子楼。

走进餐厅，一眼看到的是"贯彻消防条例"的红幅标语，生锈的永久牌"大杠"自行车，印着"草蜢"乐队头像的录像厅，可以玩"超级玛丽"的小霸王游戏机，可谓一秒"穿越"回 40 年前。

与其说"超级文和友"是一家餐厅，不如说是一家"超级怀旧游乐园"。除了重现当年的布景以外，这里还引入了"店中店模式"——长沙几十家老字号小吃都按照当年的样子在这里开设了窗口，吃完饭还可以去"笑工场"听相声，或者到 6 楼溜冰场溜个冰，甚至可以直接去天心区民政局在这里设立的婚姻登记处办个结婚预约登记。

"茶颜悦色"，是长沙的另一家"排队大户"。

长沙年轻人喜欢亲切地简称它为"茶颜"——长沙目前已经有 300 多家"茶颜"门店，在一些核心地段，几百米的街上可以有 8 家"茶颜"，但每家店门口日常仍然要排出几十人的长队，至少要等半小时才能喝上一杯"爆款"奶茶"幽兰拿铁"。

在茶饮业竞争相当激烈的长沙，"茶颜"一直被模仿，却从未被超越，"粉丝黏度"居高不下。创始人吕良告诉本刊记者，他创业 7 年，"茶颜"在长沙拥有"陪伴一代人成长"的全民亲切感。

近两年，一直深耕长沙的"茶颜悦色"，热度随着大众点评、小红书等社交媒体扩展向全国。邻近的武汉、南昌不时有人坐着高铁来"打卡一杯茶颜"，更远一点的北京、上海则有人"求从长沙机场捎一杯茶颜"。

2020 年 12 月，"茶颜悦色"武汉首店开业时，排队超过 8 小时，外卖跑腿费被炒到 100 元，直接登上热搜。

"顶流"为何在长沙

两家美食界"顶流"品牌的创始人，都是白手起家的普通长沙年轻人。

"超级文和友"的创始人文宾，生于1987年，是土生土长的长沙伢子。早年他就辞掉了稳定的汽车销售工作，在长沙著名美食街坡子街摆摊卖炸串，期间便显示出了不一般的经营天分，总能用独创菜品打败同行。他随后创办的"老长沙油炸社"和"文和友老长沙龙虾馆"也都成为"网红"，曾以长沙小吃代表的身份上过湖南卫视的名牌节目《天天向上》。

"茶颜悦色"的创始人吕良也是一位连续创业者，做过广告业，开过卤味馆，加盟过奶茶店，但都不算成功。几经波折，他决定再次试水当时刚开始流行的"新中式茶饮"，而且只做直营店。2013年12月，"茶颜悦色"首家门店在长沙黄兴广场开张，终于一炮打响。

"超级文和友"与"茶颜悦色"从长沙诞生、"出圈"，其实并非偶然。吕良说，长沙是一个"晚上不睡觉的城市"，娱乐消费特别发达，这相当于给茶饮业"送了个利好大红包"。长沙市政府积极推动"夜经济"和"烟火气"的政策，对于品牌的走红，同样功不可没。

坚持长沙式的"接地气"，走"大众消费"路线，也是"超级文和友"和"茶颜悦色"一直热度不减的原因。

吕良对本刊记者不断强调"茶颜悦色"的"大众"定位——茶饮用料好但均价一直保持在15元左右，比不少同行低一半，大家喝起来没压力。文创周边产品同样价格"亲民"：一个笔记本6元，一盒茶叶18元，会员还有进一步的折扣。

坚定做"国潮"

两家店的另一个不谋而合之处是不只做餐饮，更要做"文化"和"情怀"。

"超级文和友"之所以被追捧，是因为它在现代科技和互联网不断解构传统生活方式的今天，唤起了人们心灵深处对于市井文化和"烟火气"的向往。

文宾在接受媒体采访时曾直言，做企业就是做思想，而他的"初心"，就是"把湖湘文化通过美食这个载体传播出去"。

"超级文和友"的设计细节里，有着浓烈的"长沙味"。比如吃饭的桌子上，摆放着一只"抽签筒"，里面的竹签是各式俏皮的长沙俚语——"块策""了难"——谈笑之间把长沙式幽默传递了出去。

"茶颜悦色"也在形象和设计上下了功夫，主打"中国风"——现在，这种风格有了一个更简单直白的称呼，叫作"国潮"。

在"茶颜"的餐饮单上，红茶系列叫作"红颜"，绿茶系列叫"浣纱绿"，水果茶系列则是"豆蔻"。爆款茶饮的名字也非常"中国"，如"幽兰拿铁""声声乌龙""不知冬"。

除了门店以外，"茶颜"还开出了数家"国潮"主题概念店。长沙太平街的"好多鱼"概念店，灵感来源于故宫馆藏的记录了371种海洋生物的清代《海错图》。"方寸桃花源"概念店，则可以让喝茶的年轻人随着陶渊明的笔触"穿越"到东晋的"阡陌交通"。

吕良告诉本刊记者，之所以坚定做"国潮"，是因为在创业之初，就感受到了如今的中国年轻一代对于传统文化"发自内心的热爱"。

从"餐饮"到"餐创"

创业成功之后，两家品牌均已获得资本支持，实现了跨界和扩张。

"超级文和友"目前更像是一家"餐创企业"——从餐饮跨界到了新零售、区域农产品等多个领域。

合伙人孙平告诉本刊记者，除了已开出分号的广州之外，"超级文和友"还将进一步"扩张版图"，在深圳、南京开出新店。每家分店都将精心选址，并根据当地民俗文化特色重新设计场景和菜式，每城仅一店，绝不重复，计划未来10年在30个中国城市开出30家"精品店"。

有人说"超级文和友"是"诚品模式"，但孙平更愿意说，"超级文和友"要成为"餐饮界的迪士尼"——在一个成功的大IP之下，培育出很多成功的小IP，最终成为一个"文创生态系"。

"茶颜"则从一家家奶茶店，进一步开拓出了概念店、外卖店、新零售店、联名店等多种形式，成为"新中式茶饮"的代表性品牌。

团队以湖南"95后"为主的"茶颜"，下一步除了继续做实产品、稳步扩张之外，还打算把"湖湘特色"以年轻人喜爱的方式深度融入产品。

吕良举例说，像湖南丰富的茶叶资源，就可以加上乐观、接地气的"湖南性格"进行设计和包装，做成"带着性格的茶叶"，再通过"茶颜"的渠道和热度，帮扶深山茶农。这些远大于餐饮生意的想法，可能也是"后浪"一代传承"心怀天下"湖湘文化的特有方式。

策划编辑：段向民
责任编辑：武　洋
责任印制：钱　宬
封面设计：弓　娜

图书在版编目（ＣＩＰ）数据

中国青年的美食真实性感知、怀旧情感与重构意愿研
究 / 高明著．-- 北京 ： 中国旅游出版社，2024. 12.
ISBN 978-7-5032-7475-6

Ⅰ．F126.1

中国国家版本馆 CIP 数据核字第 2024DN6827 号

书　　　名：中国青年的美食真实性感知、怀旧情感与重构意愿研究

作　　　者：高　明
出版发行：中国旅游出版社
　　　　　　（北京静安东里 6 号 邮编：100028）
　　　　　　https://www.cttp.net.cn E-mail:cttp@mct.gov.cn
　　　　　　营销中心电话：010-57377103，010-57377106
　　　　　　读者服务部电话：010-57377107
排　　　版：北京数启智云文化科技有限公司
经　　　销：全国各地新华书店
印　　　刷：三河市灵山芝兰印刷有限公司
版　　　次：2024 年 12 月第 1 版 2024 年 12 月第 1 次印刷
开　　　本：720 毫米 ×970 毫米　1/16
印　　　张：10.75
字　　　数：194 千
定　　　价：49.80 元
Ｉ Ｓ Ｂ Ｎ　978-7-5032-7475-6